반연극의 계보와 미학

부조리극을 중심으로

차례
Contents

무대여, 침을 뱉어라

연극의 환각성과 사실성

오늘날 우리는 영상의 홍수 속에서 살고 있다. 영상매체가 쏟아내는 무수한 이미지들은 쉴새없이 우리의 넋을 빼앗고 오감을 사로잡는다. 화면 속의 주인공을 따라 우리는 신데렐라로, 터미네이터로, 혹은 조폭으로 끝없이 변신한다. 영화가 끝나고 나서도 여운은 계속된다. 우리의 의식은 만취상태처럼 몽롱해져서 종종 현실을 망각한다. 그 망각은 한편으론 행복감을 안겨주지만, 한편으로는 끔찍한 모방범죄를 부르기도 한다. 이렇게, 우리는 꼼짝없이 영상의 마법에 걸려든 신세다.

그렇다면 이 마법의 굴레로부터 어떻게 벗어날 수 있을까.

성숙한 관객이라면 이 같은 문제에 대해 진지하게 고민해볼 법하다. 영상의 주술을 풀고 현실로 귀환하기 위해서는 영상매체의 본질적인 속성을 이해할 필요가 있다. 영상매체가 우리를 매혹시키는 것은 강렬한 '환각성' 때문이다. 그런데 그 환각성은 아이러니컬하게도 '사실성'의 극대화를 통해 창출된다. 화면 속의 영상은 현실이 아니라 현실의 그림자, 곧 환영이다. 그럼에도 그 환영은 진짜처럼 너무나 생생하기 때문에 착시를 일으킨다. 그래서 누구나 「마지막 액션 히어로」의 주인공처럼 쉽게 화면 속으로 빨려들어간다.

요컨대 영상의 마력은 '사실적 환각', 즉 진짜 아닌 것을 진짜인 것처럼 속이는 예술적 사기술(詐欺術)의 극대화에 있다. 그렇다면 이 영상의 마법에서 어떻게 풀려날 수 있을까. 간단하다. 영상이 허구요 사기라는 말을 주문처럼 내뱉는 순간, 우리는 마취에서 스르르 깨어난다.

영화를 위시한 영상예술은 이렇게 '사실성의 요술'을 통해 현대예술의 총아로 군림하고 있다. 물론 그것은 현실을 있는 그대로 인화해내는 카메라 덕분이다. 그러나 카메라가 발명되기 이전에도 '사실성'은 모든 예술의 보편적인 이념이었다. 예술의 역사는 한마디로 '모방(mimesis)'의 역사, 대상을 최대한 있는 그대로 재현하고자 하는 노력의 연속이었다. 조각상을 사랑한 피그말리온의 신화라든가, 솔거의 벽화에 얽힌 일화가 이를 잘 예증해준다.

'실재(實在)의 환영'을 창조하려는 이 유구한 노력은 연극의 경우에도 예외가 아니었다. 19세기까지 지금의 영상매체가 맡은 역할을 대신했던 대중예술은 연극이었다. 연극은 그 어떤 예술보다 사실적인 환각성이 강하다. 배우의 육체를 통해 관객에게 직접적으로 체험되기 때문이다. 그래서 관객들은 종종 연극의 등장인물과 현실의 배우를 혼동한다. 악역을 맡은 배우에게 욕설을 퍼붓거나 주연 배우를 덮어놓고 우상시한다. 이러한 연극의 사실성은 근대 사실주의(realism) 양식을 통해 절정을 이루었다.

카메라는 바로 이 사실주의적 예술관이 낳은 기념비적 발명품이다. 그러나 아이러니컬하게도 카메라의 등장으로 인해 연극은 급속히 위력을 잃게 되었다. 카메라는 유사 이래 모든 예술이 추구해온 사실성을 일거에 탈취해버렸다. 따라서 카메라를 이용한 영화가 연극을 대신해 현대예술의 매머드로 급부상하게 된다. 사정이 이렇게 되자 연극은 고유한 목표를 상실해버렸다. 사실적인 환영을 창조한다는 목표는 영상매체의 등장으로 인해 무의미해졌다.

연극은 이제 자신의 정체성에 대해 물음표를 던지지 않을 수 없다. 사실성의 극대화를 추구하는 사실주의 미학은 영화를 통해 완성되었다. 그렇다면 이제 연극의 목표는 무엇인가. 연극 아닌 것과 구별되는 연극의 고유한 속성을 어디서 찾아야 하는가. 이러한 자기성찰의 결과로 나타난 새로운 미학이 바로 '반(反)사실주의'이다. 그리고 거칠게 말해, 반사실주의 미학을 추구하는 연극이 '반(反)연극'이다. 그리하여 연극은 영상의 마법에 응전하여 관객들의 의식을 흔들어 깨우는 각성 제로 돌변한다.

반연극의 개념

'반연극(anti-theatre)'이라는 호칭은 이제 현대연극의 대명사가 되어버렸다. 종래의 리얼리즘 전통을 부정하는 자기부정의 미학을 통해 연극은 역설적으로 자기정체성을 찾기에 이르렀다. 그렇다면 구체적으로 반연극이란 무엇인가. 넓은 의미에서 반연극은 '기존의 무대 전통에 이의를 제기하는 연극'이다. 물론 어느 시대에나 정도의 차이는 있지만 기존의 연극 관습에 반하는 흐름이 있어왔다. 하지만 여기서 말하는 반연극은 이러한 일반적인 의미와 구별된다.

반연극은 한마디로 그 원리, 극작술, 연기양식 등에서 '재현의 관습을 거부하는 연극'이다. 아리스토텔레스 이래 서구의 무대 관습은 모방과 환상, 관객의 감정이입, 행위의 논리성, 필연성과 인과율 그리고 교훈성과 계몽성 등을 특징으로 삼았다.[1] 이러한 관습을 통해 현실을 객관적으로 재현하고자 했다. 그러나 반연극은 이 모든 무대 관습을 거부한다. 혹은, 전복시키고자 한다. 그것은 현실의 재현이, 아이러니컬하게도, 관객의 현실감각을 마비시킨다는 발견 때문이다.

따라서 반연극은 비현실적인 장면, 플롯의 해체, 비논리적인 극행동, 우연적인 요소 등을 의도적으로 추구한다. 그리하여 관객에게 감정이입의 태도 대신 객관적 비평의 태도를 갖도록 조장한다. 그 결과, 현실의 피부가 아니라 그 이면의 숨은 속살, 은폐된 진실을 직시하도록 유도한다. 그런 점에서 반연극은 현대의 실험극 내지 전위극(theatre of avant-guarde)의 개념과 만난다. 그러나 이런 포괄적인 의미에서 보면 현대연극 전체를 다 반연극의 범주에 넣어야 하는 문제가 생긴다.

다시 반연극의 의미망을 좁혀 하나의 특정한 양식(style) 개념으로 정리하도록 하자. 이를 위해서는 이 용어의 유래를 살펴볼 필요가 있다. 반연극이라는 명칭이 처음 사용된 것은 1950년에 공연된 이오네스코의 「대머리 여가수」를 통해서이다. 작가는 이 작품에 'anti-play'라는 부제를 달았는데, 이로부터 반연극이라는 명칭이 널리 쓰이게 되었다. 이오네스코의 혁신적인 작품경향은 이후 반사실주의 연극의 신호탄이 되면서 현대연극의 지주(支柱)양식으로 자리잡게 되었다.

이른바 '부조리극(不條理劇, theatre of the Absurds)'의 양식이 그것이다. 따라서 좁은 의미의 반연극은 부조리극이라는 특정한 연극양식을 지칭하는 개념이다. 부조리극이라는 용어는 영국의 비평가 마틴 에슬린(M. Esslin)이 베케트, 이오네스코, 핀터 등 1950년대 이후 등장한 일련의 작가군을 논하면서 처음으로 언급했다. 이들 연극을 부조리극으로 명명하면서, 에슬린은 부조리극을 "통합된 원칙을 잃고 분열된 세계 속에서 느끼는 인간 존재의 우주적 상실감을 표현하고자 하는 연극"으로 정의했다.[2]

또한 에드워드 올비(E. Albee)에 의하면, 부조리극은 "실존주의 철학에 입각한 예술로서 인간의 허구적 환영을 지탱하는 도덕적, 종교적, 정치적, 사회적 구조의 붕괴로 인해 의미가 유실된 세계에서 의미를 찾아내려는" 연극이다.[3] 요컨대 부조리극은 1950년대 이후 등장한 새로운 연극양식으로, 반사실적이고 반대중적인 무대실험을 통해 현대인의 실존적 부조리를 형상화한 연극이라 할 수 있다. 이 책에서 다루고자 하는 반연극은 바로 이러한 의미의 연극을 말한다.

이때 '반(反)'은 연극예술 자체에 대한 자기반성을 의미한다. 그런 점에서 부조리극은 의식적이고 자기반영적인 연극이다. 물론 넓은 범주의 반연극에는 '서사극(敍事劇)'과 같은 정치사회적 계통의 연극이 포함된다. 언뜻 보기에는 이런 정치적인 반항이 반연극의 성격에 더 적절해 보인다. 그러나 현대연극의 성립에 있어서는 부조리극의 영향이 더 근본적이고 직접적이다. 남에게 침을 뱉기는 쉬워도 스스로에게 침을 뱉기는 어려운 법이니까. 그래서 부조리극의 자기해체야말로 가장 과격한 반항인 것이다.

반연극의 주제와 형식

부조리극의 탄생은 20세기 서구인이 처한 존재론적 상황과 밀접한 관계가 있다. 니체가 '신(神)의 사망'[4]을 선언한 이래 서구인은 세계와의 유대감을 상실하고 소외된다. 데카르트적인 합리주의에 기반한 물질문명의 대두는 기독교적 형이상학의 휴머니즘 전통을 폐기하고 인간을 수량화된 기계로 환원시킨다. 그 결과 두 차례에 걸쳐 일어난 전쟁의 참화는 물질문명의 종점을 충격적으로 예시함으로써 서구 지식인들의 뼈아픈 자기반성을 촉발하게 된다.

이러한 배경에서 사르트르(J.P. Sartre)와 카뮈(A. Camus)로 대변되는 '실존주의' 철학이 발아하였다. 이후 실존주의는 20세기를 대표하는 새로운 윤리학이요, 인간학으로 자리잡게 된다. 부조리극은 주제의 측면에서 이러한 실존주의 철학에 직접적으로 빚고 있다. '부조리(不條理)'의 사전적 의미는 불협화음, 부조화, 조리 없음 등이다. 그러나 부조리는 단순히 현실의 부조화만을 뜻하는 것이 아니라 이러한 부조화를 야기한 근원적인 운명으로서의 인간 조건을 의미한다.

'부조리'라는 용어를 처음으로 사용한 이는 카뮈이다. 그는 '인간과 삶, 그리고 배우와 무대 사이의 단절'로 인해 발생하는 '이방인(異邦人)으로서의 감정'을 두고 '부조리(absurd)'라 명명하였다. 이러한 실존적 소외의 감정을 적극적으로 표현하고자 하는 데서 부조리극은 탄생한다.[5] 요컨대 기존의 연극이 이성과 논리를 통해 세계를 과학적으로 이해하려는 합리주의에 기초해 있다면, 부조리극은 이성과 논리의 모순을 부각시킴으로써 세계를 분열된 폐허로 바라보는 허무주의적 세계관에 기초해 있다.

한편, 부조리극은 형식의 측면에서도 자기파괴적이다. 마틴 에슬린은 "플롯이나 스토리 개념의 부재, 자동인형과 같은 등장인물, 시작과 끝의 부재, 꿈과 악몽의 반영, 논리적 맥락에서 벗어난 대사" 등을 부조리극의 특징으로 지적하고 있다.[6] 우선, 극구조의 면에서 부조리극은 인과율에 기초한 기승전결식 플롯 개념을 정면으로 위배하고 있다. 대신 장면의 기계적 반복, 현실과 환상이 중첩되는 시적인 이미지를 통해 새로운 문법을 보여준다.

등장인물은 인간적 의지와 감정을 가진 개성적인 인물이 아니라 꼭두각시 같은 기계적인 모습으로 그려진다. 또한 그 대사는 의미가 휘발된 상투적인 어구, 즉 끌리셰(cliche)의 남발과 극도의 압축 및 생략으로 특성화되어 있다. 이러한 인간상을 통해 현대인의 비인간화된 현실을 풍자함으로써 쓴웃음(black humor)을 짓게 한다. 아울러 무대장치는 극도로 간소화되어 하나의 시적 상징으로 기능한다. 넓게 보면 이런 특성은 상징주의, 표현주의, 초현실주의 등의 전통을 계승한 결과라고 할 수 있다.

종합하면, 희랍극에서 근대극에 이르기까지의 서구 연극이 세계의 불합리성을 합리적으로 표현하고자 했다면, 부조리극은 세계의 불합리성을 불합리한 그대로 표현하고자 한다. 이러한 내용과 형식의 일치를 통해 부조리극은 인간 조건의 궁극적이고 본질적인 리얼리티를 계시한다. 이 점이 부조리극을 여타의 연극과 구분짓게 하는 가장 핵심적인 본질이다. 그런 의미에서 부조리극은 탈근대적 세계관에 부합하는 핵심적 무대양식이라고 볼 수 있다.

이러한 부조리극을 한국의 연극인들은 혁신적이고 첨단적인 연극으로 인식하였다. 전후의 황폐한 사회현실과 불구화된 정신상황에서 부조리극의 낯선 형식은 변화된 현실을 비추는 가장 효과적인 양식으로 이해되었다. 그리하여 우리 현대연극은 부조리극의 수용에서 출발했다고 해도 과언이 아니다. 따라서 이 책에서는 부조리극의 국내 수용 과정과 정착 과정을 살핌으로써 한국 반연극의 지형도를 그려보기로 한다. 물론 그 방법은 구체적인 작품분석을 통해서이다.

반연극의 ^{수용 과정}

실존주의 연극과 부조리극

반연극의 씨앗이 국내 무대에 뿌려진 것은 1950년대부터이다. 이른바 실존주의 철학의 세례를 받은 연극이 이 시기부터 상연되기 시작한다. 동란중인 1951년 대구문화관에서 상연된 사르트르의 「붉은 장갑」(원제 : 더러운 손)이 신호탄이었다. 이를 계기로 사르트르의 「임자 없는 무덤」(1952), 살라크루의 「신만은 알고 있었다」(1959) 등이 잇달아 소개되었다. 이들 실존주의 연극은 당시 전후세대의 정신적 허무감에 공명을 일으켜 국내에서 큰 호응을 얻었다.7)

이후 우리 무대에도 실존주의 연극으로 분류될 수 있는 창작극들이 등장한다. 오상원의 「잔상」(1956) 「이상」(1956), 오학영의 「닭의 의미」(1957) 「생명은 합창처럼」(1958) 「꽃과 십자가」(1958), 장용학의 「일부변경선 근처」(1959) 등이 그것이다. 이 작품들은 대체로 전쟁으로 인한 심리적 외상(trauma)을 표현하면서 전후세대의 실존적 고뇌를 다루고 있다. 그런 점에서 실존주의에 기초한 철학적인 연극이라고 볼 수 있다.

부조리극의 수용은 이러한 1950년대 실존주의 연극 붐의 연장선상에서 이루어졌다. 여기서 잠시 실존주의 연극과 부조리극의 관계에 대해 언급해야겠다. 실존주의 철학의 영향 아래 성립되었다는 점에서 양자는 공분모적 성격을 가진다. 사상적 배경만 놓고 보면 양자의 구별이 쉽지 않다. 그러나 결론부터 말하자면, 양자는 양식 면에서 엄연히 구별되는 연극이다. 1950년대의 실존주의 연극은 부조리극의 전 단계 양식일 뿐, 부조리극과 동격으로 놓고 볼 수 없다.

양자의 차이에 대해 마틴 에슬린은 이렇게 지적한다.

실존주의 연극이 새로운 세계관을 낡은 형식 속에 구현한 데 반해, 부조리극은 세계관과 형식의 양 측면에서 공히 새로운 경지를 개척했다.[8]

즉, 실존주의 연극은 인간 운명의 근원적인 부조리를 표현하면서도 이를 전통적인 무대 관습에 따라 표현한다. 주제의식은 탈근대적이지만, 양식의 측면에서는 근대 사실주의에 머

물러 있다. 사상의 새로움이 형식의 새로움으로 이어지지 못했다는 점에서 현대극의 양식으로 볼 수 없다는 것이다.

실존주의 연극이 새로운 무대문법을 제시하는 데까지 이르지 못한 것은 그 작가들 대부분이 철학자라는 점과 관계가 있다. 카뮈, 사르트르 등의 극작가들은 동시에 실존주의 철학자들이기도 했다. 그들이 연극을 만든 것은 단지 자신들의 사상을 '포교'하기 위해서였지, 연극예술 자체에 대한 진지한 문제의식으로부터 출발한 것이 아니었다. 따라서 서구 연극이 주제와 형식의 양 측면에서 공히 혁명적인 모습을 선보이게 되는 것은 부조리극에 이르러서이다.

부조리극의 산파, 동인제 극단

부조리극이 국내에 본격적으로 수용되기 시작한 것은 1960년대 들어서이다. 부조리극의 국내 수용 과정은 크게 두 단계로 나누어질 수 있다. 첫 단계는 번역극 상연의 단계로, 1960년대 초에서 1970년대 초까지의 시기가 여기에 해당한다. 두 번째 단계는 창작극 상연의 단계로, 1960년대 후반에서 1970년대 후반까지의 시기이다. 첫 번째 시기가 부조리극의 '도입' 단계라면, 두 번째 시기는 부조리극의 '정착' 단계라고 할 수 있다.

부조리극의 산파 역할을 한 것은 '동인제 극단'이다. 동인제 극단이란 연극에 뜻을 같이하는 사람들이 모여 공동 출자,

공동 운영의 방식으로 이끌어가는 극단을 말한다.9) 이들 극단은 대부분 국립극단이나 신협(新協)과 같은 기성 극단의 구태의연한 공연방식에 반기를 들고 새로운 무대양식을 실험하고자 하는 도전적인 젊은이들의 집단이었다. 이러한 극단은 이미 1950년대 후반부터 등장하지만, 본격적인 동인제 극단 시대의 개막은 1960년대 들어서의 일이다.

1956년 창단된 '제작극회'를 신호탄으로 삼아, 실험극장(1960), 동인극장(1962), 산하(1963), 민중극장(1963), 극단 드라마센터(1964), 가교(1965), 광장(1966), 여인극장(1966), 자유극장(1966), 극단 에저또(1967) 등이 잇달아 문을 열었다. 동인제 극단은 대부분 실험극 내지는 전위극을 표방하였는데, 그 레퍼토리는 부조리극으로 채워졌다. 이러한 사실은 곧 부조리극을 전위극의 대명사로 인식한 당시의 정황을 잘 말해준다.

이 중에서도 부조리극 소개에 적극적이었던 극단은 실험극장, 민중극장, 자유극장, 극단 드라마센터, 극단 에저또, 극단 산울림(1970) 등이었다. 실험극장은 서울대, 연세대, 고려대 출신을 멤버로 하여 1960년 창단되었다. 김의경, 허규, 이순재, 김동훈, 나영세, 오현경, 여운계 등이 가담한 가운데 '연극을 통한 실험무대의 구축과 이념에 찬 연극의 수립'을 표방하였다.10) 창단공연으로 실험극장은 이오네스코의 「수업」을 허규 연출로 상연하였다. 이 공연은 국내 최초의 부조리극 공연으로, 부조리극 수용의 기폭제였다.

실험극장에 이어 교수, 관리, 소장 연극인, 대학생들로 구성

15

된 민중극장이 1963년 창단되었다. 극작가 이근삼을 대표로 하여 김정옥, 양광남, 나옥주, 최상현 등이 가담하였는데, '민중과 더불어 호흡할 수 있는 연극'을 표방했다.[11] 민중극장의 제2회 정기공연작은 이오네스코의 「대머리 여가수」였다. 이는 서구 연극사상 최초의 부조리극으로 운위되는 작품이었다. 이 공연에서 엿볼 수 있듯이 그들이 지향한 민중연극은 곧 부조리극을 의미했다.

자유극장은 의상디자이너 이병복을 대표로 1966년 창단되었다. 김정옥, 나옥주, 함현진, 박조열, 김혜자, 박정자, 최불암, 김무생 등이 가담하였는데, '서구 연극을 계승, 발전시켜 오늘의 참된 우리의 신극을 창조'하겠다는 의지를 표명했다.[12] 특히 자유극장은 1969년 소극장 카페 테아트르의 개관 기념공연으로 이오네스코의 「대머리 여가수」를 공연하여 호평을 받았다. 자유극장 대표인 이병복이 개관한 카페 테아트르는 이후 전위적인 번역극을 계속 공연하여 살롱연극이라는 독특한 양식을 개척했다.

극단 드라마센터는 소극장 드라마센터가 개관(1962)함에 따라 그 부설극단으로 창단(1964)되었다. 유치진과 그의 장남 유덕형의 주도 하에 운영되었는데, 1965년 '전위극 시리즈'로 상연한 이오네스코의 「르 메트르」가 호평을 받았다. 아울러 1970년 유덕형 연출로 해롤드 핀터의 부조리극 「생일파티」를 선보이기도 했다. 1967년 창단한 극단 에저또는 방태수, 유진규를 중심으로 '젊은 연극제' 등의 프로그램을 통해 아방가르드 연극의 소개에 적극성을 보였다.

극단 산울림은 연출가 임영웅에 의해 1970년 창단되었다. 임영웅은 1969년 베케트의 「고도를 기다리며」를 국내 최초로 연출하였는데, 산울림의 창단공연으로 이 작품을 다시 선보였다. 부조리극 하면 '고도'를 떠올릴 정도로 이 작품은 부조리극의 대표작으로 자리잡은 지 오래다. 유럽에서 초연된 지 10여 년이 지나 비로소 이 작품이 국내에 첫선을 보인 것이다. 임영웅은 1985년 산울림소극장을 개관하면서 다시 이 작품을 연출하여 호평을 받았다. 이후 이 작품은 산울림의 고정 레퍼토리로 자리잡았다.

이외에도 1960~1970년대 초반에 소개된 부조리극은 헤아릴 수 없이 많다. 베케트의 「노름의 끝장」「마지막 테이프」「대사 없는 연기」「오며 가며」「연극 2」, 이오네스코의 「의자들」「코뿔소」「막베뜨」「왕은 죽어가다」, 장 주네의 「하녀들」, 해롤드 핀터의 「생일파티」「방」「관리인」「풍경」「콜렉션」, 아라발의 「기도」「환도와 리스」「건축사와 아씨리 황제」, 에드워드 올비의 「동물원 이야기」「미국의 꿈」 등 부조리극의 대표작들이 이 시기에 빠짐없이 상연되었다.13)

부조리극의 창작 붐

1960년대 동인제 극단에 의해 소개된 부조리극은 당시의 젊은 극작가들을 크게 자극하였다. 사실주의 일색의 기성 연극과는 판이하게 다른 그 낯선 무대양식은 그들로 하여금 부조리극을 서구의 최첨단 연극으로 인식케 하였다. 특히 1969년 사무엘 베케트의 노벨상 수상소식이 알려지자, 국내의 부조리극 붐은 최고조에 달하였다. 그 결과 1960년대 후반부터 부조리극의 양식을 시도한 창작극들이 하나둘 출현하기 시작한다.

부조리극의 직·간접적인 영향 아래 창작된 1960년대의 대표적 작품은 다음과 같다. 박조열의 「목이 긴 두 사람의 대화」(1966), 윤대성의 「출발」(1967), 오태석의 「웨딩드레스」(1967) 「환절기」(1968) 「교행」(1969), 이재현의 「제10층」 등. 「목이 긴 두 사람의 대화」의 경우, 발표 당시부터 작가가 베케트의 「고도를 기다리며」에서 힌트를 얻어 창작했음을 고백하고 있다. 이 시기에 가장 두드러진 활약을 보인 작가는 오태석으로, 그에 의해 부조리극의 창작이 주도되었다고 볼 수 있다.

1970년대에 접어들면 부조리극의 창작은 한층 무르익는다. 윤조병의 「건널목 삽화」(1970), 김용락의 「부정병동」(1971) 「돼지들의 산책」(1972), 이재현의 「엘리베이터」(1972), 이현화의 「누구세요?」(1974) 「쉬-쉬-쉬잇」(1976) 등의 작품이 이 시기의 대표작으로 꼽힐 만하다. 이 시기의 부조리극은 1960년대의 생경한 실험에서 벗어나 현실에 기초한 자생적 문법을 확보하려는 모습을 보여준다. 그 주도적 역할을 담당한 작가로 이현화가 주목된다.

1970년 후반 이후로 부조리극의 창작은 시들해진다. 새로운 전위극과 뮤지컬이 수입되고, 전통연희의 계승 작업이 시도되면서 상대적으로 부조리극은 내리막길을 걷게 된다. 때문에 이후 부조리극 양식에 충실한 창작극은 찾아보기 어렵다. 그런 와중에 유독 장정일의 활약이 눈에 띈다. 장정일의 「실내극」(1987) 「어머니」(1988) 등의 작품은 부조리극의 영향을 강하게 시사한다. 그의 작품을 통해 부조리극은 그 건재함을 과시하고 있는 듯하다.

이 같은 흐름을 일별할 때, 한국 부조리극의 계보는 오태석-이현화-장정일로 이어진다고 볼 수 있다. 1960년대의 오태석은 해체적 무대양식을 통해 동시대인의 내밀한 심리적 균열을 부조리하게 표현하였다. 그의 뒤를 이어 1970년대의 이현화는 산업사회의 일상공간이 내포한 병리적이고 폭력적인 특성을 역설적으로 부각시켰다. 그리고 1980년대의 장정일은 당대의 억압적 시대상황을 성(性)과 감금의 상상력을 통해 패러디하고 있다.

이외에도 부조리극이 우리 현대극에 끼친 영향은 지대하다. 정도의 차이는 있지만, 한국 현대극치고 부조리극의 영향을 받지 않은 작품은 드물다. 그래서 부조리극을 이해하는 것은 곧 우리 현대극을 이해하는 첩경이 된다. 이런 이유로, 이제부터 부조리극의 대표 작가와 작품을 찬찬히 뜯어보기로 하겠다. 먼저 그 원조 격인 서구의 작가와 작품을 국내 공연 위주로 소개한 뒤, 한국의 대표적 부조리극 작가와 작품을 집중적으로 살펴보도록 한다.

영원한 이방인, 베케트

인생, 쓸쓸한 광대들의 유희

사무엘 베케트(S. Beckett, 1906~1989)는 부조리극의 개척자이자, 현대극의 시조(始祖)이다. 그의 대표작 「고도를 기다리며」는 오늘날 현대연극의 대명사로 자리잡은 지 오래다. 1953년 파리에서 초연된 이래 이 작품은 전세계에서 가장 많이 공연되는 레퍼토리 중 하나이다. 특히 1957년 뉴욕 샌 퀸틴 형무소에서의 공연은 두고두고 연극사에 언급될 만큼 유명하다. 단지 여배우가 출연하지 않는다는 이유로 교도소 측에 의해 채택된 이 연극은 뜻밖에도 죄수들의 열광적인 반응을 이끌어냈다.

연극을 지켜본 죄수들은 저마다 "고도는 사회다" "고도는 자유다"라며 열에 들떠 관극의 감동을 표현했다.[14] 유럽의 지식인들을 감동시켰듯이, 베케트의 연극은 무지한 죄수들의 마음 또한 크게 뒤흔든 것이다. 이는 부조리극 하면 무조건 난해한 연극이라는 공식을 깨버린 일대 사건이 아닐 수 없었다. 혹은, 부조리극이 지닌 보편적 호소력을 웅변하는 사건이었다. 그리고 1969년 베케트의 노벨상 수상을 계기로 이 작품은 서구 연극사상 불후의 명작 반열에 오르게 된다.

그렇다면 이 작품이 이렇듯 수많은 관객들의 사랑을 받게 된 까닭은 무엇일까. 그 해답은 한마디로 '리얼리티'에 있다. 현대인의 실존적 리얼리티를 극명하게 표현했기 때문에 시공과 신분을 초월하여 관객들의 깊은 사랑을 얻고 있는 것이다. 이는 베케트 연극의 매력이자, 부조리극의 매력이기도 하다. 물론 이때의 리얼리티는 종래의 관습적 의미와는 구별되어야 한다. 기존의 리얼리티가 외적 현실의 기계적 모사(模寫)를 뜻한다면, 베케트의 리얼리티는 내적 현실의 상징적 현현(顯現)을 뜻한다.

이 낯선 리얼리티가 바로 현대인이 절감하던 생생한 현실이었으며, 이를 최초로 표현한 연극이 「고도를 기다리며」였던 것이다. 이 작품에는 특별한 줄거리가 없다. 오로지 '끝없는 기다림의 연속'만이 있을 뿐이다. 에스트라공과 블라디미르라는 두 주인공은 연극에서 시종일관 수다를 떤다. 그러나 끝없는 지껄임에도 불구하고 그들의 대화는 텅 비어 있다. 왜냐하면 그들의 대화는 의사소통을 위한 것이 아니라, 지루한 시간을 보내기 위한 장난에 지나지 않기 때문이다.

그런 점에서 이 연극은 그 자체로 하나의 놀이이다. '고도'라는 인물을 기다리며 벌이는 무의미한 유희이다. 따라서 이 유희엔 특정한 시간도, 공간도 존재하지 않는다. 그들에게 어제와 오늘, 이곳과 저곳의 구분은 무의미하다. 그들의 하루는 고도를 기다리는 것에서 시작해 고도가 오지 못한다는 기별을 접하는 것으로 끝난다. 그들의 공간은 고도를 기다리는 대기소이고, 고도가 와야 비로소 벗어날 수 있는 감옥일 뿐이다. 그들에게 삶은 수레바퀴처럼 끝없이 반복되는 유희에 지나지 않는다.

이처럼 한없이 고도를 기다리는 두 부랑자의 모습은 곧 현대인의 비극적 초상이다. 그들이 비극적인 이유는, 고도는 영원히 오지 않을 것이기 때문이다. 출구 없는 미로 속을 헤매며 그들은 탈출의 헛된 기다림을 끝없이 반복할 것이다. 그럴 때, 삶은 하나의 악몽(惡夢)이 된다. 구원의 희망을 잃은 현대인의 실존적 허무감, 그 악몽 같은 황폐한 느낌을 이 작품은 절절히 환기시킨다. 그리하여 낯설지만, 살아 있는 리얼리티를 관객들에게 전달한다.

무대양식의 측면에서도 이 작품은 낯선 문법을 보여준다. 연극은 텅 비어 있고, 무대 또한 텅 비어 있다. 인물도, 플롯도, 시간도, 공간도 존재하지 않는다. 연극을 구성하는 기존의 요소들은 제각기 해체되어 무(無)의 상태로 되돌아간다. 그럴 때 과연 연극은, 배우들은, 관객에게 무엇을 보여줄 수 있는가. 한 가지밖에 없다. 연극 스스로에 대해, 혹은 배우 자신에 대

해 설명하는 수밖에 없다. 그런 점에서 이 작품은 연극 자체의
정체성에 대한 자기반영적인 성찰을 보여준다.

로브그리예(A. Robbe-Grillet)의 지적처럼, 두 부랑아는 맡은
역도 없이 무대에 내던져진 듯이 보인다. 그들은 거기에 있다.
있으니까 스스로에 대해 설명을 할 수밖에 없다. 미리 준비된
대본에 따라 암기한 대사가 아니라, 순간순간의 임기응변으로
즉흥극을 벌이는 듯하다. 따라서 그들은 자유롭다.[15] 그런 점에
서 두 주인공은 허구적인 등장인물이 아니라, 대본의 구속에서
벗어난 자유로운 배우를 표상하는 것은 아닐까. 그들이 기다리
는 고도는 결국 배우로서의 진정한 자아를 뜻하는 게 아닐까.

「고도를 기다리며」는 1969년 임영웅에 의해 국내에 처음
으로 소개되었다. 마침 베케트가 노벨상을 수상한 해여서 이
공연은 개막 일주일 전부터 입장권이 매진될 정도로 큰 관심
을 불러모았다. 이후 산울림소극장의 고정 레퍼토리로 정착되
어 현재까지 꾸준히 공연되어오고 있다. 특히 1988년 공연된
임영웅의 공연은 내한중이던 평론가 마틴 에슬린의 찬사를 받
으면서 해외에 소개된다. 이후 아비뇽 연극제와 더블린 연극
제에 초청되는 등 임영웅의 공연은 국제적인 공인을 얻기에
이른다.[16]

해체와 소멸의 시학

「고도를 기다리며」의 해체적 형식은 「게임의 종말」에도 그

대로 이어진다. 여러 측면에서 이 작품은 전작과 닮은꼴이다. 이 작품에는 이렇다 할 줄거리가 없다. '사건' 전개에 입각한 기승전결식의 플롯 대신 이 극은 하나의 '상황'을 제시한다. 작가는 이 상황 속에 등장인물들을 던져놓고 그들이 보이는 반응을 묘사한다. 그렇다면 그 상황이란 어떤 것인가. 그것은 '고립'의 상황이다. 그 고립의 상황에 내던져진 등장인물들의 삶은 하나의 헛된 게임에 불과하다.

이 작품의 주인공은 햄과 클로브이다. 햄은 반신불수의 장님이고, 클로브는 그의 시중을 드는 하인이다. 그런 점에서 이 둘은 「고도를 기다리며」의 '포조'와 '럭키'를 클로즈업시킨 인물로 보인다. 햄의 몸은 점점 피를 흘리며 썩어들어가고 진통제는 바닥났다. 통증을 견디기 위해 햄은 클로브와 지리한 대화를 주고받는다. 그러나 그들의 대화는 단지 고통스런 시간을 견디기 위한 게임에 불과하다. 이처럼 집 안에 유폐된 채 옴짝달싹할 수 없는 그들은 무인도에 흘러든 조난자들이나 다름없다.

조난자들이 할 수 있는 유일한 일은 아마 구조자를 기다리는 일일 것이다. 햄은 클로브를 시켜 창문 밖의 풍경을 말해달라고 한다. 그러나 클로브에 의해 묘사되는 풍경은 어둡고도 음울한 것이다. 하늘은 잿빛으로 물들어 있고, 바닷가의 해변에는 모래알만이 푸석거린다. 빛을 잃은 태양은 곧 희망의 상실을, 모래알은 인간관계의 단절을 암시한다. 조난자들에게 구조의 희망은 불허된다. 희망을 잃은 세계 속에서 조난자들은 서서히 피를 흘리며 부패할 운명에 처해 있다.

이처럼 베케트는 두 등장인물을 통해 현대인의 고립된 정신상황을 표현한다. 정신적 고립은 육체적 고립(불구)의 상황으로 치환되어 제시된다. 그럴 때 주인공 햄의 모습은 곧 21세기에 처한 신(神)의 모습이 아닐까. 전통적인 가치관이 해체되고 분열된 오늘날, 신은 우주를 관장할 힘도, 미래를 계시할 혜안도 잃은 지 오래다. 조물주는 늙고 쇠약해진 몸으로 쓰레기통 속에 처박힌 과거를 회상하거나, 피조물인 인간(클로브)과 의미 없는 말장난을 계속할 뿐이다.

요컨대 베케트는 인간 상호간의 믿음이 유실된 오늘의 삶을 무의미한 게임에 비유하고 있다. "어째서 매일 이런 소극(笑劇)을 펼쳐야만 하는 걸까요?"라는 클로브의 대사가 이를 잘 말해준다. 그리하여 클로브는 지리한 삶의 게임을 끝내고자 집을 떠나겠다고 선언한다. 그러나 그는 결코 집을 떠나지 못한다. 삶이 하나의 게임이라면 그 게임의 종말은 곧 죽음일 테니까. 그리하여 햄과 클로브, 신과 인간이 벌이는 재미없는 게임은 끝없이 되풀이될 수밖에 없다.

「게임의 종말」이 공간적 고립을 보여준다면, 「크랩의 마지막 테이프」는 시간적 고립을 형상화한다. 작가인 크랩은 자신의 목소리를 녹음한 릴테이프에 파묻혀 있다. 그는 글을 쓰는 대신 테이프를 꺼내 듣는다. 서랍에서 릴테이프를 꺼낼 때마다 그는 기억의 서랍을 여닫는다. 테이프를 거꾸로 돌릴 때마다 그는 시간의 태엽을 되감는다. 그에게 테이프를 감고 있는 현재는 과거를 재현하기 위해서만 존재한다. 그리하여 현재는 곧 '재현된 과거'라는 역설이 성립한다.

테이프의 재생에 따라 과거의 목소리가 크랩의 의식을 끊임없이 토막낸다. 그리고 결국 현재의 자기는 사라지고 테이프 돌아가는 소리만 무대에 남는다. 이처럼 과거로 끝없이 회귀하려는 크랩의 태도는 현실로부터 끊임없이 도망치려는 강박증을 반영한다. 죽은 활자에 매달려 삶을 탕진해버린 그에게는 현재보다 과거의 기억 속이 더 행복하다. 그 속엔 잃어버린 모든 것이 고스란히 저장되어 있다. 그 중에서도 '그녀'에 대한 기억은 '지나간 50만 분 중에서 가장 행복했던 순간'이다.

그 잃어버린 행복의 순간을 되찾기 위해 그는 끝없이 과거로의 망명을 시도한다. 그러나 과거의 열정이 사라지고 난 지금, 공테이프 같은 마음은 지나간 행복을 재생하지 못한다. 이처럼 메워질 수 없는 인간의 근원적인 결핍감, 현대인이 앓고 있는 상실감을 크랩은 강박적으로 표현한다. 그럴 때 테이프에 의해 재생되는 잃어버린 낙원은 다가갈수록 멀어지는 신기루일 뿐이다. 삶은 고립과 상실과 소멸의 연속일 뿐이다.

「숨소리」에 이르러 베케트의 허무주의는 극에 이른다. 이 작품의 상연시간은 채 1분이 되지 않는다. 아기 울음소리가 들리고, 약 10초간 숨을 들이마시는 소리와 함께 조명이 점차로 밝아진다. 그러다가 다시 10초간 숨을 내쉬는 소리와 함께 조명이 점차 어두워진다. 다시 아기 울음소리가 들리면서 막이 내린다. 작가에게 이제 인생은 한 차례의 '숨쉬기'와 같은 찰나로 인식된다. 삶이란 게 숨 한 번 길게 들이마셨다가 내쉬는 거나 뭐 다를 게 있냐는 것이다. 베케트의 연극은 후기에 접어들어 이렇게 하이쿠[俳句][17]와 같이 극도로 절약된 무(無)의 형태에 이른다.

결국 베케트 연극을 떠받치는 두 축은 '허무주의'와 '해체주의'이다. 전자가 인식의 축이라면, 후자는 표현의 축이다. 이 두 축을 통해 베케트는 연극의 전통을 송두리째 허물고 무대를 무(無)의 상태로 비운다. 그 빈 무대는, 고통스럽지만, 진실하다. 관객으로 하여금 자신의 적나라한 실존과 대면케 한다. 그의 연극이 지금까지도 생명력을 잃지 않고 있는 것은 그 때문이다. 그래서 베케트의 다음과 같은 말은 곧 현대극의 표어가 된다.

표현할 대상도, 표현할 방법도, 표현할 소재도, 표현할 능력도, 표현할 의욕도 없지만, 그럼에도 나는 표현할 의무가 있다.

검은 웃음의 전도사, 이오네스코

바벨탑의 비극

외젠느 이오네스코(E. Ionesco, 1912~1994)는 반연극의 창시자이다. 1948년 발표된 희곡 「대머리 여가수」로부터 반연극이란 용어가 태어났기 때문이다. 그러나 당시 이 작품은 별 주목을 받지 못했다. 프랑스 국립극장에서 공연을 거부하는 통에 1950년 프랑스 녹탕빌 극장에서 초연되었다. 결과는 참패였고, 엄청난 스캔들과 함께 논쟁만 불러일으켰다.[18] 이오네스코의 작품이 주목받기 시작한 것은 베케트의 「고도를 기다리며」가 발표된 1953년 이후의 일이다.

「대머리 여가수」는 여러 측면에서 부조리극의 특성을 잘 보여주는 교과서적인 작품이다. 플롯의 부재, 꼭두각시와 같은 등장인물, 동문서답식 대화 등이 그것이다. 그 중에서도 가장 두드러진 특성은 '언어적 혼란'이다. 이 작품의 대화는 시종일관 상투적인 단어를 반복하거나 상대방의 말을 앵무새처럼 흉내냄으로써 이루어진다. 등장인물들은 자동인형처럼 끊임없이 수다를 떤다. 하지만 역설적이게도, 말을 많이 하면 할수록 말의 의미는 점점 더 모호해지고 혼란스러워진다.

작품은 이렇게 시작된다.

> 영국 안락의자들이 있는 영국 중류 가정의 실내. 어느 영국의 저녁. 영국 실내화를 신고 영국 안락의자에 앉아 있는 영국인 스미드 씨는 영국 난로 옆에서 영국 파이프를 피우고 영국 신문을 읽는다. 그는 영국 안경을 쓰고, 조그마한 잿빛의 영국 코밑수염을 기르고 있다. 그의 옆에서는 다른 영국 안락의자에 영국 여인 스미드 씨 부인이 앉아서 영국 양말을 깁고 있다. 긴 동안의 영국의 침묵. 영국 벽시계가 영국의 열일곱시를 치고 있다.[19]

첫머리에서부터 이 작품의 언어는 발작을 일으킨다. '영국'이라는 단어가 물고 물리며 끝없는 언어의 사슬을 이루고 있다. 단어들의 강박증적 조합이 빚어내는 불협화음의 낯선 풍경은 대화에도 그대로 이어져 나타난다. 스미드 부부의 대화로부터 시작된 이 작품은 마아틴 부부와의 수다로 이어지고,

다시 소방대장의 수다로 마감된다. 방문자의 숫자가 늘어날수록 대화의 양은 점점 늘어나지만, 대화의 질은 점점 빈곤해진다. 마치 서로를 이해하기 위해서가 아니라, 이해하지 않기 위해 수다를 떠는 듯하다.

4장에서 마아틴 씨 부부가 보여주는 촌철살인할 해프닝은 이러한 소통 부재의 현실을 단적으로 보여준다. 스미드 씨 댁을 방문한 마아틴 부부는 마치 기억상실증 환자들처럼 서로를 알아보지 못한다. 그러다가 지난 과거사를 하나하나 퍼즐 맞추듯 서로 맞춰보다가 가까스로 부부 사이임을 확인한다. "참 신기한데요. 어쩌면 그런 우연의 일치가……"라는 대사를 부부끼리 반복하는 이 장면은 현대인의 소외된 일상을 날카롭게 풍자하고 있다. 그리하여 폭소와 통증을 동시에 수반한다.

그렇다면 이 같은 언어적 풍자가 의미하는 바는 무엇인가. 그것은 이 작품의 집필동기에서 찾아질 수 있다. 이오네스코에 의하면, 이 작품은 영어회화 교본에 나와 있는 장면들을 '표절'(?)하여 만들어진 것이다. 그는 영어를 배우기 위해 회화 교본을 산 뒤 기묘한 체험을 하게 된다. 평소에 자명하게 보이던 단어들의 뜻이 모호하고 낯설어진 것이다. 토막난 단어들은 의미가 휘발된 채 빈 껍질처럼 종이 위에 나뒹굴고, 그는 빈 껍질들을 하나하나 무의미하게 암기하고 있을 뿐이었다.

이처럼 의미가 탈골되고 해체된 언어를 로봇처럼 반복하며

사는 것이 곧 현대인의 삶이다. 그런 점에서 이오네스코는 이 작품의 주제를 '언어의 비극'으로 설명하고 있다.[20] 영어회화 교본을 패러디하여 이 언어의 비극을 표현하고자 한 작품이 바로 「대머리 여가수」인 것이다. 제목 또한 단지 대머리 여가 수가 작품에 출현하지 않기 때문에 붙여졌을 뿐이다. 그리하여 스미드 부부나 마아틴 부부는 규격화되고 자동화된 레디메이드(ready-made)의 정신을 대변하는 시대적 전형이 된다.

이처럼 이오네스코는 현대문명의 비극을 언어의 혼란, 즉 바벨탑의 비극으로 인식한다. 매스컴의 비약적인 발달에도 불구하고 사람들 사이의 의사소통은 점점 더 어려워진다. 말의 홍수에도 불구하고 말은 점점 의미와 분리된다. 그것은 인간의 삶이 종교적, 형이상학적 뿌리로부터 차단되었기 때문이다.[21] 이 '신성이 박탈된 세상'의 비극을 희화화(戱畵化)하는 것, 그것이 이오네스코의 핵심적 무대전략이다.

아울러 그 희화화는 서구의 전통적 형이상학에 대한 물음을 동반한다. 이오네스코에게 영어회화 교본이 낯설었던 것은 그것이 철저히 데카르트 식의 사유 패턴을 따랐기 때문이다. 합리적인 구조에 따라 자명한 진리를 담고 있는 듯한 언어가 이방인의 눈에는 무의미하고 난해한 말놀음으로만 비쳤던 것이다. 마아틴 씨가 부인과 벌인 황당무계한 해프닝을 두고 "데카르트 식 15분"으로 표현하는 대목에서 이러한 점은 잘 드러난다. 이처럼 작가는 언어의 해체를 통해 사상의 해체를 시도하고 있다.

「대머리 여가수」가 국내에서 첫선을 보인 것은 1963년이다. 이근삼 역, 김정옥 연출로 극단 민중극장에 의해 공연되었다. '반연극'이란 개념을 처음으로 소개한 공연이었던 만큼 큰 관심을 불러일으켜, 이후 여러 극단들에 의해 앞다투어 공연되었다. 특히 1977년 실험극장의 공연은 내한중이던 이오네스코로부터 '예술적으로 나무랄 데 없는 공연'이었다는 찬사를 받기도 했다. 이후 이 작품은 베케트의 「고도를 기다리며」와 함께 국내에서 가장 많이 상연되는 번역극 중 하나로 자리잡았다.

근대를 풍자하는 불온한 웃음

언어의 해체를 통한 사상의 해체양상은 「수업」에 이르러 보다 뚜렷해진다. 이 작품의 등장인물은 중년의 교수와 젊은 여학생 그리고 하녀이다. 극은 한 여학생이 교수의 집을 방문하면서부터 시작된다. 박사학위를 따기 위해 과외를 받으러 온 이 학생은 처음엔 열정적이다. 그러나 수업이 진행됨에 따라 학생은 점점 피로해지고, 실어증마저 보인다. 반대로 교수는 점점 신경질적이고 흥분된 모습을 보인다. 수업을 이해하지 못하는 학생에게 분통을 터뜨리던 교수는 급기야 그녀를 살해하고 만다.

이오네스코는 이 작품을 통해 근대적 세계관에 은닉된 권력의 문제를 제기한다. 학교는 교육기관이자, 동시에 일종의 권력기관이다. 근대적 이데올로기를 주입시킨다는 점에서 그러하다. 학교는 모든 인간관계를 가르치는 자와 배우는 자의 관계로 이원화한다. 그리고 이원화된 관계 속에 억압적 서열의식이 깃든다. 그리하여 학생들은 주체-객체, 지배-피지배의 서열관계에 길들여진다. 이 작품에 설정된 교수와 학생 간의 성적(性的) 대칭구도는 이러한 서열관계를 한층 부각시킨다.

이는 곧 학교가 권력의 담론을 생산하는 공장으로 기능하고 있음을 암시한다. 그 권력의 담론을 떠받치는 근원적인 세계관은 근대 합리주의이다. 「수업」에 등장하는 학문이 수학과 언어학인 것은 이 점에서 매우 시사적이다. 수학과 언어학은 모든 학문의 토대를 이루는 기초과학이다. 수학은 모든 사물을 수치로 환원시키고, 언어학은 모든 의미를 문법으로 환원시킨다. 그리고 그러한 환원은 철저히 논리에 의거해 수행된다. 모든 사물을 논리의 틀 속에 구겨 넣는 행위는 일종의 폭력이다.

이처럼 근대적 세계관은 근본적으로 억압적이고 폭력적이다. 그것은 참-거짓의 이분법적 가치평가를 통해 사물을 분해하고 구별짓는다. 이 구별이 인간관계로 전이될 때 그것은 차별을 낳고 불평등을 낳는다. 합리주의가 내포한 이러한 폭력성은 학교라는 매개항을 거쳐 인간관계를 지배하는 권력의 장(場)으로 전이된다. 그리하여 폭력적인 서열관계를 고착화시키기에 이른다. 「수업」에서 여학생이 호소하는 치통(齒

33

痛)은 이 합리주의가 야기하는 정신적 통증에 대한 메타포인 것이다.

그럴 때 이 극이 유발하는 웃음은 어둡고 섬뜩하다. 이 작품은 일종의 압운(押韻) 형식으로 이루어져 있다. 여학생이 찾아오면서 시작된 극은 여학생이 죽고 새로운 여학생이 찾아오면서 막을 내린다. 이는 학생의 치통이, 합리주의의 폭력이, 권력관계의 폭력이 끝없이 계속될 것임을 암시한다. 이처럼 이오네스코의 웃음은 비극적인 웃음, 검은 웃음(black humor)이다. 그 검은 웃음은 마치 조종(弔鐘)처럼 근대적 세계관의 죽음을 고하며 무대 위에 음산하게 울려퍼지는 것이다.

한편, 근대적 세계관의 폭력은 근본적으로 '탈신성화(脫神聖化)', 즉 신성(神性)의 박탈에서 비롯된다. 형이상학적 뿌리로부터 단절된 현실이 언어의 비극과 권력의 비극을 부른 것이다. 이 종교적 구원의 가능성이 차단된 세상의 소름끼치는 허무감을 이오네스코는 「의자들」을 통해 기발하게 형상화한다. 무대는 반원형의 홀(hall)로, 빈 의자들만이 즐비하게 놓여 있다. 이 극의 등장인물은 영감과 할멈 그리고 변사이다. 나머지의 수많은 등장인물을 대신하는 것은 바로 이 빈 의자들이다.

평생을 섬에 갇혀 살아온 영감은 죽기 전에 마지막으로 '세상에 대한 선언문'을 발표하고자 기자회견을 마련한다. 초청된 손님들이 하나둘씩 나타나 의자에 앉지만, 그들은 관객들에게 보이지 않는다. 오직 영감과 할멈의 대사와 행위를 통해 상상적으로 재현된다. 황제를 포함한 모든 손님들이 도착하고, 영감은 끝으로 자신의 선언서를 대독해줄 변사를 기다린다. 이윽고 변사가 나타나지만, 그는 귀머거리에 벙어리이다. 절망한 영감과 할멈은 자살하고, 무대에는 빈 의자들만 남는다.

영감이 선언서를 낭독하고자 하는 것은 세상과 마지막 소통을 시도하고자 하는 행위이다. 섬에서 평생을 살아온 영감 내외의 삶은 철저히 타인과 단절된 고도(孤島)의 삶이다. 선언문 낭독은 이 고도로부터 탈출하여 타인과 소통할 수 있는 마지막 희망이다. 그런 점에서 변사의 존재는 베케트의 고도와 닮아 있다. 그러나 벙어리 변사의 출현으로 인해 이러한 구원의 희망은 불허된다. 텅 빈 의자들이 말해주듯 손님들은 존재하지 않는 허깨비들이고, 비인칭이며, 영원한 타인일 뿐이다.

「의자들」은 이처럼 모든 믿음이 파괴된 세상의 덧없음, 절대적인 무(無)의 상태를 표현한다. 이오네스코는 언어의 해체와 사상의 해체에 이어 구원의 희망까지 해체시킴으로써 반연극의 미학을 완성한다. 그가 추구하는 연극은 "추상연극, 순수연극, 반테마적, 반이데올로기적, 반사실주의적, 반철학적 연극, 반통속적이고, 반심리적이며, 반부르주아적인 새로운 자유연극"[22]이기 때문이다. 그럴 때, 모든 관습과 도덕을 철저히 파괴한 뒤 그가 내미는 대용물은 바로 웃음이다.

웃음만이 무의미한 삶을 살아갈 수 있게 하는 가장 순수한 모럴이라는 것이다. 특히 그의 이 도덕적 웃음은 동양의 선적

(禪的) 전통과 맥을 같이한다. 그는 1977년 내한 당시 이를 구체적으로 지적한 바 있다.

> 동양 불교의 선승(禪僧)들은 한평생을 우주의 진리를 깨닫는 데 각고(刻苦)합니다. 그러나 그것을 깨닫고 난 뒤엔 크게 폭소밖엔 나오지 않습니다.[23)]

그래서일까. 부조리극의 웃음은 우리에게 낯설지 않다. 그것을 우리는 이미 2천 년 전부터 터득하고 있었으니까.

물구나무 ^선 성자, 주네

악마주의의 무대미학

　장 주네(J. Genet, 1910~1986)는 현대문학사를 통틀어 가장 특이한 작가이다. 사생아이자 남색가(男色家)이며, 탈영병이자 좀도둑이며, 시인이자 극작가이다. 그는 태생적인 보헤미안이다. 이런 기질은 범법으로 이어져 숱한 스캔들을 낳지만, 한편으론 문학적 후광을 이루기도 한다. 그의 삶은 악취를 풍기지만, 그의 문학은 매혹적이다. 장미의 화독(花毒) 같은 치명적인 아름다움 그리고 비극적인 숭고함이 주네의 문학엔 공존한다. 그래서 사르트르는 그를 '악(惡)의 성자(聖者)'로 호명하며 추앙했다.

주네는 1947년부터 총 다섯 편의 희곡을 발표하였다. 편수는 적지만, 그의 작품 하나하나는 어떠한 예술적 전통도 불허하는 독특한 미학을 선보인다. 이 독특한 미학으로 인해 그의 연극은 반연극의 대열에 합류한다. 주네의 연극미학을 한마디로 요약하면 '악마주의'라고 할 수 있다. 연극을 통해 그는 사회적 금기를 해체하고 전복시킴으로써 악(惡)의 절대성에 이르고자 한다. 그리하여 역설적으로 잃어버린 선(善)을 소생시키고자 한다.

사실 따지고 보면 모든 예술은 '악(惡)의 표현'[24]이다. 현실이 의식과 도덕의 감시 아래 대낮같이 환한 선(善)의 세계를 추구한다면, 예술은 무의식적 충동과 꿈의 어두운 세계에 서식하면서 현실의 건조한 피부조직에 끊임없이 상처를 내고자한다. 그런 의미에서 예술은 '신성한 폭력'을 행사하는 악의 세계이다. 이처럼 악의 사제(司祭)로 자처하며 위악적(僞惡的) 포즈를 극단적으로 밀고 나갈 때 주네 특유의 연극미학이 탄생한다. 이러한 전략은 그의 대표작 「하녀들」에서 여실히 나타난다.

이 작품의 등장인물들은 하녀인 클레르와 솔랑쥬 그리고 마담이다. 자매인 두 하녀는 마담이 외출한 사이 그녀의 방에서 연극을 벌인다. 클레르가 마담의 역할을, 솔랑쥬가 클레르의 역할을 맡은 채 그들은 마담에게 닥친 불행을 재현한다. 클레르의 밀고로 인해 마담의 연인인 무슈가 체포되었던 것이다. 그러나 무슈의 가석방 소식을 알리는 전화로 인해 하녀들의 연극은 중단된다. 절망에 **빠진** 자매는 범죄를 은폐하기 위해 마담을 독살하기로 모의한다. 그러나 마담은 독차를 마시지 않고 무슈를 만나러 집을 나간다. 하녀들은 다시 연극을 시작한다. 마담을 대신해 클레르가 독차를 마시면서 극은 막을 내린다.

「하녀들」은 당시 프랑스에서 화제가 되었던 실화를 소재로 한 작품이다. 하녀들과 마담의 운명을 대비시켜 유럽의 부르주아사회가 내포한 계급적 모순을 폭로하고 있다. 이 작품에서 범죄는 일종의 해방적 기능을 수행한다. 마담과 하녀들의 대비를 통해 범죄는 부도덕한 인격의 산물이 아니라 사회적 모순의 필연적 결과라는 사실이 강조된다. 그리하여 범죄는 단죄되어야 할 악(惡)이 아니라 체제의 모순을 바로잡는 선(善)으로서 옹호되고 숭배된다.

범죄에 대한 주네의 동정적인 시선은 하녀들의 자살 장면에서 더욱 부각된다. 비인간적인 삶에서 벗어나고자 하녀들은 반란을 시도한다. 무슈를 밀고하고 마담을 살해하려 하지만, 그들의 범죄는 무산된다. 현실은 하녀들의 범죄조차 허락지 않는다. 오로지 연극놀이를 통해서만 그들은 범죄를 완성할 수 있다. 결국 그들은 마담 대신 스스로에게 범죄를 저지름으로써 저주스러운 운명에서 벗어난다. 범죄의 권리조차 박탈당한 하녀들의 최후는 비극적인 숭고미를 자아낸다.

이처럼 주네는 범죄의 자기파괴적 힘을 통해 불합리적 사회체제를 해체하고 전복하고자 한다. 그럴 때 범죄는 부도덕한 현실을 도덕적으로 교정하는 신성한 행위가 된다. 주네의 이러한 악마주의는 무대 관습에도 그대로 발휘된다. 이 작품은 '극중극(劇中劇)'이라는 독특한 기법을 취하고 있다. 극중극이란 연극 속에 삽입된 또 다른 연극을 말한다. 하녀들이 벌이는 연극놀이가 그것이다. 이때 극중극은 현실을 되비추는 거울과 같은 기능을 한다.

연극놀이를 통해 하녀들은 주인으로 변신한다. 그리하여 현실의 결여를 연극놀이를 통해 상상적으로 메우고자 한다. 그런 점에서 연극놀이는 하녀들의 운명을 뒤바꾸는 마법적 도구이다. 동시에 하녀들을 영원히 환상 속에 가두는 악마적 도구이기도 하다. 오로지 환상의 감옥 속에서만 그들은 마담의 삶을 살 수 있을 뿐이다. 결국 하녀들은 환상에서 헤어나지 못하고 죽음에 이른다. 이처럼 「하녀들」의 극중극은 인간 욕망의 허구성을 비추는 거울이자, 연극 자체의 허구성을 비추는 거울이 된다.

연극은 환상을 통해 현실의 불만을 해소시키는 카타르시스를 제공한다. 하지만 이러한 카타르시스는 환상으로의 도피를 통해 관객을 불합리한 현실에 순치시키는 마약효과와도 같은 것이다. 주네는 연극 자체가 내포한 이 허구성과 위험성을 극중극의 형식을 빌어 적발하고 있다. 연극이 연극을 되비추는 비판적 거울구조를 통해 전통적 무대 관습을 교란하고 탈선시킨다. 이처럼 주네는 사회적 관습과 연극적 관습의 양면에 탈을 냄으로써 악마주의의 미학을 완성한다.

「하녀들」이 국내에 처음 소개된 것은 1973년 극단 여인극장에 의해서이다. 이후 극단 예맥, 실험극장, 극단 산울림 등에 의해 여러 차례 공연되었다. 특히 1995년 극단 동숭레퍼토리의 공연에서는 남자 배우가 마담 역할로 등장하여 포복절도할 연기를 선보였다. 사실 주네는 일찍이 이 작품의 배역을 남자 배우들이 맡도록 하고 싶다고 말한 적이 있는데, 이를 한국의 극단이 실험한 것이다. 이처럼 이 작품은 많은 화제를 뿌리며 오늘날 부조리극의 단골 레퍼토리로 자리잡았다.

금기를 해체하는 신성한 제의

장 주네의 악마주의는 「엄중한 감시」에 이르러 보다 정치적인 색채를 드러낸다. 작가는 교도소에 감금된 죄수들의 권력구조를 통해 현대사회에 잠복한 권력구조를 풍자한다. 이 극에는 세 명의 죄수들이 등장하는데, 사형수 초록눈, 좀도둑 르프랑, 폭력범 모리스가 그들이다. 이들은 초록눈을 정점으로 서로 동성애적 삼각관계를 맺고 있는데, 이로 인해 모리스와 르프랑은 서로 반목한다. 결국 초록눈의 사랑을 독점하기 위해 르프랑이 모리스를 살해하는 것으로 극은 막을 내린다.

이 작품에서 세 등장인물의 관계는 마치 중세의 카스트(caste)와도 같은 계급구조를 이루고 있다.[25] 가상의 등장인물인 눈덩이라는 검둥이 사형수가 최상층부에 위치한다. 그는 수형자 세계 전체를 지배하는 가장(家長)이다. 그 아래에 초록눈이 위치하며, 그는 가장의 명령을 받들어 수형자들을 통솔하는 가신(家臣) 역할을 한다. 모리스와 르프랑은 최하층부에 위치하는 '병아리'들이자, 가신들의 '첩'이다. 그들은 매매, 징벌, 심지어 살인의 대상이 되는 '쓰레기들'이다.

이처럼 이 극에 등장하는 죄수들은 일종의 가족공동체를 형성하며 견고한 피라미드 구조 속에 계급화되어 있다. 이는 단순히 수형자 세계라는 특수한 집단의 조직형태를 의미하지 않는다. 그것은 곧 현실사회의 권력적 신분구조를 반사하는 거울 상(像)이다. 따라서 주네의 작품에서 동성애는 성적 취향의 문제가 아니라 계급 혹은 신분의 문제로 볼 수 있다. 죄수들의 동성애는 성인들의 이성애에 대한 패러디에 다름 아니다.

이때 동성애를 지배하는 관계는 사도-마조히즘과도 같은 지배-피지배의 권력관계이다. 권력지향적 남성공동체는 동성애를 통해 남성다움을 과시한다. 따라서 동성애는 단순한 성적 충동의 해소가 아니라 권력의 과시라는 측면에서 이해되어야 한다. 이 극에서도 여성 역을 맡는 르프랑과 모리스는 남성 역의 초록눈에게 종속되어 있다. 그들은 권력의 대명사인 초록눈의 사랑을 독점하기 위해 끊임없이 서로 질투하며 남성다움을 인정받으려 한다.

그들은 부권사회의 '남근숭배'의식에 철저히 사로잡혀 있는 것이다. 이처럼 장 주네는 특수사회의 동성애 관계를 빌어 현실사회의 이성애 관계에 깃들인 억압적 권력구조를 풍자한다. 그럴 때 이 작품에서 풍자되는 인간관계의 불구화된 권력구조는 일종의 악(惡)이다. 그리고 그 악은 근본적으로 서구의 형이상학적 전통에서 유래한 것이다. 남성/여성, 의식/무의식, 이성/감성 등 무수한 이항대립을 통해 우열관계를 정당화한 서구의 세계관 자체가 악의 씨앗이라는 것이다.

그렇다면 이러한 사회적 악에 응전하는 주네의 전략은 무엇인가. 아이러니컬하게도 그것은 다시, 악을 통해 구현된다. 마지막 장면에서 르프랑은 모리스를 살해함으로써 살인범이 된다. 이를 통해 그는 지배-피지배의 차별적인 운명을 파괴하고 전복시키려 한다. 세계의 폭력적 구조를 해체하기 위해서는 어쩔 수 없이 다시 폭력을 빌지 않으면 안 되는 것이다. 폭력의 추방을 위한 폭력의 수용. 따라서 주네의 악마주의는 역설적이고 이중적인 것이 된다.

세계의 악에 맞서기 위해 더 큰 악을 제시하는 것. 악을 극복하기 위해 악의 절대 순수상태에 도달하는 것. 이것이야말로 장 주네의 악마주의를 구성하는 중심 원리이다. 즉, 주네의 악은 '물구나무선 선(善)'의 꿈[26]에 다름 아니다. 그런 점에서 주네 연극의 악마성은 세속적 차원을 넘어 종교적 의미를 부여받는다. 폭력과 위반의 제의를 통한 오염된 세계의 정화. 이러한 구원의 목표에 복무하기에 주네의 악마주의는 성스러운 것이 된다.

하지만 결국 이 작품에서 르프랑의 살인은 무효로 돌아간다. 권력의 피라미드는 뒤집히지 않고 온전히 유지된다. 이는 억압적 권력구조가 해소되지 못하고 영원히 지속될 것임을 암시한다. 사실 주네의 의도와는 달리, 르프랑이 살인을 저지른 것은 권력의 해체를 추구해서가 아니라 지배자의 위치를 욕망했기 때문이다. 인간들은 권력의 피라미드 속에서 서로의 욕망을 복사하며 지배-피지배의 권력구조를 내면화한다. 그리하여 악이 또 다른 악을 낳는 악순환만 되풀이될 뿐이다.

이처럼 장 주네의 악마주의는 태생적으로 비극성을 내포할 수밖에 없다. 그럼에도 장 주네는 여전히 물구나무선 성자의 꿈을 버리지 않는다. 장 주네의 예술은 근본적으로 범죄와 일탈을 통해 금기에 도전하는 보헤미안의 정신에서 자라난 것이기 때문이다. 그리하여 그는 하녀 클레르의 입을 빌어 오늘도 이렇게 속삭이는 것이다.

우리 두 사람은 영원한 한 쌍, 죄인과 성인의 한 쌍이 되는 거야. 우린 틀림없이 구원받을 거야.[27]

충돌하는 반항아, 오태석

한국 최초의 부조리극

1960년대 후반부터 국내에서도 부조리극 양식을 시도한 창작극이 선보인다. 한국 최초의 부조리극으로 흔히 박조열의 「목이 긴 두 사람의 대화」가 거론된다.[28] 철조망을 사이에 둔 A와 B가 정상회담을 흉내내며 대장을 기다린다는 내용으로, 1966년 극단 탈에 의해 초연되었다. 이 작품은 베케트의 「고도를 기다리며」와 자주 비교된다. 대칭적인 한 쌍의 인물 설정, 기승전결식 플롯의 부재, 말장난의 연속, 끝없는 기다림의 반복 등에서 베케트의 작품과 유사성을 가진다.

그러나 베케트의 작품에서 끝없는 기다림의 행위가 인간

존재의 비극적 운명을 상징적으로 구현한 것이라면, 박조열 작품의 그것은 다분히 정치사회적인 함의를 가진다. 철조망과 '대장'의 설정, 정상회담식 놀이의 삽입 등이 그러하다. 그런 점에서 이 작품은 베케트 연극의 틀을 빌어 한반도의 정치현실을 풍자한 한 편의 정치우화극이다. 이렇게 볼 때 박조열의 이 작품은 온전한 부조리극으로 보기 어렵다. 부조리극은 본질적으로 역사성과 정치성을 거부하기 때문이다.

온전한 의미에서의 한국의 부조리극은 오태석의 「웨딩드레스」(1967)로부터 시작된다. 오태석(吳泰錫, 1940~)은 한국을 대표하는 극작가이며, 연출가이다. 그의 데뷔작인 이 작품의 배경은 덕수궁 앞 야외 카페이다. 막이 열리면 '깜장색 투우피스에 흰 힐을 신은 여자'가 등장하고 이어서 '청년'이 등장하여 같이 온 여자를 잃어버렸다고 말한다. 그 연인의 인상착의는 예의 '여자'와 동일하다. 그러나 양자는 서로를 타인으로 대하고, 다시 카페의 화제는 제8진열실에 나타나는 괴청년의 정체로 모아진다.

갑론을박 끝에 결국 '여자'의 증언에 의해 괴청년의 정체가 드러난다. 웨딩드레스를 손에 든 채 매일 진열실 안에 서 있는 그 청년은 한 장 남은 어머니의 결혼사진을 잃어버렸다. 그래서 어머니의 결혼사진을 다시 찍기 위해 그 신부 대역(代役)을 찾고 있었다는 것이다. 여자는 자신이 그 신부 대역을 해주고 나오는 길이라며 자신 또한 같이 온 남자를 박물관에서 잃어버렸다고 말한다. 폐관시간을 알리는 종소리와 함께 극은 막을 내린다.

이 작품은 박물관의 미스터리를 통해 '상실(喪失)'의 문제를 다룬다. 박물관을 구경하고 나온 청년과 여자는 모두 같이 온 연인을 잃어버리고, 그들은 끝내 실종된 연인을 찾지 못한다. 그러나 한편으로 작가는 실종된 연인이 다름 아닌 청년과 여자임을 넌지시 암시하고 있다. 부부나 연인이 서로를 몰라보는 해프닝은 이오네스코 류의 부조리극에서 곧잘 쓰이는 수법으로, 이러한 미스터리는 이 극에서 잃어버린 어머니의 사진을 다시 찍으려는 괴청년의 모습과 대비되어 더욱 증폭된다.

아무리 닮은 여자라 할지라도 어머니의 고유한 정체성을 대신할 수는 없다. 그런 점에서 괴청년의 노력은 항상 수포로 돌아갈 수밖에 없으며, 여자와 청년의 경우 또한 마찬가지이다. 겉모습은 예전의 연인과 같을지라도 그 고유한 정체성을 상실하였기에 여자와 청년은 상대를 영원히 몰라볼 수밖에 없다. 결국 이 극은 열린 미스터리의 구조를 통해 '정체성의 상실' 문제를 다루고 있다. 그렇다면 이 극에서 정체성의 상실을 야기하는 원인은 무엇인가.

그것은 박물관이라는 공간의 특수한 성질에 있다. 박물관은 역사를 전시하는 장소이다. 그러나 그 역사는 살아 있는 역사가 아니라 죽은 역사이다. 때문에 박물관은 역설적으로 '시간의 정지'상태 혹은 역사의 분실물을 보여주는 장소가 된다. 이 시간이 분실된 공간에서 등장인물들은 서로를 마치 가지런히

진열된 도자기들처럼 균질화된 사물로 바라보게 된다. 고유한 역사의 맥박을 잃고 박제된 인물들은 서로를 알아보지 못하고 '낯선 이방인'이 될 수밖에 없다.

착시와 분열을 일으키는 이 박물관의 공간은 곧 산업사회의 도시공간에 대한 상징에 다름 아니다. 작가는 동시대의 도시공간이 야기하는 소외와 단절의 문제를 박물관의 독특한 공간구조를 빌어 상징적으로 표현하고 있다. 아울러 이러한 단절과 소외는 우리의 특수한 역사적 배경에 기인한 것이기도 하다. 사변통에 잃은 어머니를 찾아 헤매는 괴청년의 모습은 정신적 뿌리를 잃고 황폐화된 전후세대의 내면풍경을 반영한다.

작가는 이처럼 전후 산업사회의 불구화된 인간 조건을 부조리극의 양식 속에서 구현하고 있다. 도입부와 결말부가 맞물리는 순환구조, 의사소통의 단절을 시사하는 등장인물들의 상투적인 대사, 기다림의 영원한 되풀이를 암시하는 결말의 비극성이 이를 잘 보여준다. 역사적 정체성의 분실이 전통적 플롯구조의 분실로 표현됨으로써 이 극은 비로소 부조리극의 전형성을 얻는다. 그런 점에서 한국 최초의 창작 부조리극이라 할 만하다.

모럴에 대한 충돌과 해체

「환절기」 또한 부조리극의 특성을 잘 보여주는 수작이다.

임신중인 나영에게는 첫 번째 아이를 낙태한 경험이 있다. 죽은 친구에 대한 피해의식에 시달리는 나영은 출산을 주저한다. 원래 대빈에게는 이정애라는 약혼녀가 있었는데 그녀는 대빈의 친구인 김형주의 아이를 밴 상태였다. 이정애의 친구였던 나영은 그들과 합류해 여행을 떠나게 되고, 그 와중에 정애의 실족사를 경험하게 된다. 형주는 그 이후 식물인간이 되어 줄곧 병원에 갇혀 있다.

대빈은 나영의 상처를 치유하기 위해 김형주를 집으로 데려와 '도깨비놀이'를 벌인다. 일종의 극중극인 이 연극놀이를 통해 과거의 사건이 환각적으로 재현된다. 이에 따라 나영의 신경증은 극에 달한다. 놀이가 끝나고 형주는 닫혔던 입을 연다. 그러나 알아들을 수 없는 형주의 웅얼거림은 공포감만 가중시킬 뿐이다. 형주가 병원으로 돌아가면서 극은 막을 내린다. 이 작품은 1968년 임영웅 연출로 국립극단에 의해 초연되었다.

이 극을 지배하는 주된 모티프는 '불임증(不妊症)'이다. 불임증의 병인(病因)을 밝히고 치유하는 과정으로 이 극은 구성되어 있다. 그 과정에서 과거와 현재, 환상과 현실의 경계는 불분명해진다. 이러한 점은 부조리극의 주요한 특성 중 하나로 특히 이 극에서는 이러한 현실과 비현실의 교착이 '도깨비놀이'를 통해 이루어진다. 김형주를 두고 벌이는 도깨비놀이는 일종의 축귀의식(逐鬼儀式)이다. 나영 부부의 관계를 황폐화시키는 병인을 호출해 정신적 불임을 치유하고자 한다는 점에서 그렇다.

그러나 이러한 축귀의식은 병든 기억을 박멸시키지 못하고 오히려 현실 속에 이를 재현함으로써 공포감만 증폭시킨 채 끝난다. 이는 곧 나영의 불임증이 끝없이 되풀이될 것임을 암시한다. 마지막 장면에서 말해지는 "도, 올, 리, 어……"라는 형주의 기괴한 외침이 이를 잘 대변한다. 끝없이 과거의 기억으로 되돌아갈 수밖에 없는 나영 부부의 현실은 악몽이나 다름없다. 홈통 속에 갇힌 다람쥐의 삽화 또한 이러한 유폐된 현실을 은유하고 있다.

이처럼 작가는 한 부부의 일상을 통해 산업사회의 일상에 잠복한 불모성과 정체 모를 공포감을 드러내려 한다. 그리고 그 이면에는 도덕적 토대의 붕괴가 도사리고 있음을 암시한다. 나영과 대빈, 형주와 정애가 그리는 사각관계는 곧 1960년대 한국사회의 불구화된 성윤리관을 표상하기 때문이다. 윤리적 토대가 붕괴된 시대의 불안과 공포를 작가는 부조리극 특유의 환상성과 제의성을 빌어 충격적으로 전달하고 있다.

모럴의 해체로 인한 서스펜스는 「유다여 닭이 울기 전에」에서 한층 강조된다. 작품은 이순의 집으로 국정이 찾아오는 데서부터 시작된다. 현관에서 트렁크를 든 남자와 마주친 국정은 수상한 낌새를 눈치채고 마치 형사처럼 행동한다. 생면부지인 국정의 무례한 행동에 이순의 남편 준상은 기막혀하지만, 거듭되는 그의 위협에 차츰 당황한다. 국정을 형사로 오해한 준상은 마약거래가 들통날까봐 전전긍긍하다가 국정이 이순의 옛 애인임을 알게 된다.

국정은 초조해진 준상에게 트렁크와 이순을 맞바꾸자고 제
의하고, 자신은 형사가 아니라 이순을 못 잊어 찾아왔을 뿐이
라고 고백한다. 이에 준상은 국정의 제의를 수락하고, 자신의
마약거래가 실은 이순의 신경증 치료를 위한 것이었다고 밝힌
다. 준상은 앰뷸런스를 부른 뒤 집을 나가고, 국정은 이순의
몸에 닭의 피를 묻혀 자살한 것처럼 꾸민다. 이 작품은 1969
년 허규 연출로 실험극장에 의해 초연되었다. 김동훈, 김혜자,
이정길 등이 출연하였다.

전체 4막의 이 극은 두 플롯이 맞물려 돌아가는 중층구조를
취하고 있다. 마약밀매를 둘러싼 탐정 스릴러 식 내러티브가
표층구조를 형성하고 있다면, 옛 애인을 사이에 둔 삼각관계
의 연애담이 심층구조를 이루고 있다. 극은 표층의 내러티브
에서 시작해 점차 심층의 내러티브를 드러내며 무게중심을 이
동시킨다. 그리하여 범죄의 원인은 돈이 아니라 사랑의 상처
임이 밝혀진다. 심층의 서사는 표층의 서사를 야기한 원인으
로 드러난다.

작가는 이처럼 서사의 시간적 순서를 전도시켜 미스터리의
분위기를 형성한다. 이를 통해 스릴과 서스펜스를 창출하는
한편, 전달하려는 메시지의 강도를 증폭시킨다. 전도의 수법
은 등장인물의 관계에서도 찾아볼 수 있다. 표층구조에서 국
정은 처음엔 준상의 집을 찾아온 손님으로 등장한다. 그러나
국정이 형사 역할을 가장하고 준상이 이를 오해함으로써 둘은

쫓고 쫓기는 관계로 이동한다. 이에 따라 둘의 관계는 역전되어 국정이 주인 행세를 하고 준상은 결국 손님처럼 집을 떠난다.

한편, 심층구조에서 국정은 이순을 배반한 옛 연인으로 등장한다. 준상은 그녀를 구해준 구원자이자 남편으로 등장한다. 그러나 준상이 이순의 과거를 알고 그녀를 배반함으로써 이러한 관계는 역전된다. 국정은 구원자이자 남편으로, 준상은 배신자이자 타인으로 자리바꿈한다. 이처럼 손님과 주인, 배신자와 구원자, 부부와 타인이 자리바꿈하는 모습은 보는 이로 하여금 쓴웃음을 짓게 한다. 그 웃음이 쓴 까닭은 현대의 인간관계에는 고정된 좌표가 없다는 느낌을 환기시키기 때문이다.

그 관계는 언제라도 뒤집힐 수 있는 지극히 유동적이고 가변적인 것이다. 이처럼 타자들의 관계를 견고하게 묶는 신뢰감, 그 정서적 토대가 유실된 속에서 자라는 것은 불안과 공포라는 종양(腫瘍)이다. 그런 점에서 이 작품이 스릴러의 얼개를 취하고 있는 것은 우연이 아니다. 동시대인의 윤리적 혼돈과 상실감, 불안의식을 보다 첨예하게 부각시키려는 작가의 의도가 녹아 있다. 등장인물들에게 들씌워진 '유다'의 이미지는 이러한 작의(作意)를 여실히 대변한다.

이 작품에서 등장인물의 관계를 지배하는 룰은 신뢰가 아니라 배신이다. 끝없는 배신의 먹이사슬을 통해 생태계의 균형이 유지되는 세상은 지옥이나 다름없다. 세상은 수많은 유다들로 가득 찬 소돔 성으로 변한다. 그럴 때 '신경쇠약'은 유다들이 소돔 성에서 살아남기 위해 치러야 하는 대가이다. 그 고통은 수면제로도 잠재울 수 없을 만큼 끔찍한 것이다. 이순의 머릿속을 파먹는 '붉은 딱정벌레'는 이 배반의 기억이자, 죄의식의 반영이다. 그런 점에서 이순의 신경증은 윤리적 토대가 붕괴된 시대의 정신적 공황과 깊은 불안의식을 표상하고 있다.

작가는 이처럼 일상 속에 은닉된 뿌리 깊은 불신을 부각시킴으로써 동시대의 도착된 모럴을 풍자한다. 나아가 작가는 전도된 모럴의 해체를 통해 새로운 모럴의 가능성을 탐색한다. 결말부에서 국정은 검은 닭을 잡아 그 피를 이순의 몸에 바른다. 그리하여 이순의 자살을 가장한다. 여기서 '닭'은 곧 배신의 상처에 고통스러워하는 국정과 이순의 심리적 등가물이다. 닭이라는 제물을 통해 그들은 과거의 죄를 대속(代贖)하고자 하며, 이러한 속죄를 통해 정신적 재생과 부활을 희구하는 것이다.

한편, 「교행」은 열차의 이미지를 빌어 윤리적 탈선(脫線)의 현실을 한층 뚜렷이 부각시킨다. 이 작품은 1969년 11월 나영세 연출로 실험극장에 의해 초연되었다. 이낙훈, 여운계, 김혜자, 송재호 등이 출연하였다. 이 작품은 세 쌍의 부부를 중심으로 전개된다. 신혼부부인 상기와 나정, 중년부부인 동숙과 은주 그리고 노부부인 노인과 노파가 그들이다. 연극은 왜관역을 통과하는 상행선 열차 안의 식당칸을 배경으로 세 부부의 이야기를 병렬적으로 조명한다.

극은 노부부의 대화로부터 시작된다. 아이들에게 전보를 치기 위해 노인은 식당칸을 나서고, 신혼여행을 다녀오는 길인 나정은 옛 스승인 동숙을 만나게 된다. 동숙은 이상한 전보 이야기를 하고, 열차가 급정거하자 날아간 전보를 찾는다며 하차한다. 노인이 돌아오지 않자 노파는 열차 안을 뒤지고, 동숙의 아내인 은주가 대빈과 함께 나타난다. 은주와 대빈은 쌍두귀부(雙頭龜趺)를 보러 교행하는 하행선 열차로 갈아탄다. 열차사고 피해자가 노인으로 드러나면서 극은 막을 내린다.

작가는 열차를 탄 세 부부의 엇갈린 이야기를 통해 동시대의 부부상을 함축적으로 제시한다. 신혼부부인 상기와 나정은 모델 같은 포즈를 취하며 연신 카메라 셔터를 눌러대는 발랄한 세대이지만, 삶의 목표를 찾지 못하고 방황하는 부초(浮草)들이다. 동숙과 은주는 권태기의 중년부부로 서로에 대한 신뢰를 상실한 채 새로운 쾌락을 찾아 일상의 궤도를 이탈한다. 노인과 노파는 쌍묘를 바라보며 죽음을 준비하는 부부로, 자식들에 대한 애착만이 그들을 이어주는 유일한 끈이다.

이처럼 서로 교통하지 못하고 교차하는 세 부부의 심리를 작가는 열차의 교행(交行)에 비유하여 표현한다. 부부간의 교착된 심리는 '전보' 이야기와 '쌍두귀부'의 고사가 삽입됨으로써 더욱 부각된다. 아무도 찾아가지 않는 이상한 전보지는 교신(交信)이 두절된 부부의 내적 현실을 상징적으로 보여준다. 동숙은 전보를 찾으러 가지만 열차가 서는 바람에 잃어버리고, 노인은 전보를 치러 가다 사고를 당해 죽음을 맞는다.

이는 곧 부부 사이에 깊이 팬 심리적 균열이 영원히 메워지지 않을 것이라는 비극적 암시에 다름 아니다. 승천하지 못하고 지상에 불시착한 쌍두귀부, 즉 머리 둘 달린 거북 또한 같은 맥락으로 읽힌다. 쌍두귀부는 세 부부의 심리적 현실을 상징적으로 표상한다. 일심동체인 부부는 머리 둘 달린 거북처럼 제각기 동상이몽에 빠져 있는 것이다. 그래서 은주와 대빈이 쌍두귀부를 보러 가기 위해 교행하는 열차로 갈아타는 대목은 동숙의 도중하차와 대비되어 쓴웃음을 짓게 한다.

결국 작가는 소통 불능에 빠진 동시대인의 내적 현실을 열차에 빗대어 말하고자 한다. 그때 세계는 하나의 거대한 열차가 되고, 동시대인들은 그 열차에 탑승한 승객이 된다. 승객들은 마음의 칸막이를 걷어내고 합석을 시도하지만 세계는 이를 허락지 않는다. 무서운 속도로 질주하는 근대화의 폭주기관차 속에서 소통과 화해는 불허되고 대신 교착과 일탈이 권장된다. 인간관계를 토막내는 이 불길한 현실풍경을 작가는 마치 스냅사진을 찍듯이 민첩하게 포착하여 무대 위에 인화(印畵)하고 있다.

연극에 대한 충돌과 해체

「롤러스케이트를 타는 오뚜기」는 작가 오태석의 이름을 대중에게 알린 출세작이다. 1969년 카페 테아트르에서 초연된 이 작품은 배우 김동훈의 열연에 힘입어 3년여에 걸친 장기흥

행 기록을 세웠다. 김동훈은 이 공연을 통해 한국문화대상 등 각종 상을 거머쥐며 일약 스타로 부상했다. 그의 회고에 따르면, 당시 문을 연 카페 테아트르에서 새로운 형식의 연극을 해 보자며 두 사람이 의기투합한 것이 공연의 계기가 되었다.[29]

극은 휠체어를 탄 퇴역 배우가 등장하면서부터 시작된다. 수신 불명의 시말서를 쓰면서 화자는 자신의 불운한 과거사를 털어놓는다. 화자는 공연중에 일어난 살인사건에 연루되어 무대에서 쫓겨나고 말았다. 이 사실을 숨기기 위해 아내에게는 롤러스케이트를 타다 다친 것으로 얼버무렸다는 것이다. 아파트 2층에서 들리는 롤러스케이트 소리에 화제는 위층의 미스 패션양 쪽으로 바뀐다. 소음에 항의하러 올라갔다가 낯선 사내와 마주친 그는 그녀의 정부로 오해를 받아 거리로 내몰리고, 우여곡절을 겪는다. 휠체어의 주인이 실은 화자의 아내임이 밝혀지면서 극은 막을 내린다.

이 작품이 성공한 데는 김동훈의 뛰어난 연기력이 큰 몫을 했다. 하지만 보다 근본적인 성공요인은 1인극이라는 낯선 극형식과 살롱무대라는 극장환경이 주는 묘미에 있다. 사실 이 두 요소는 필연적인 함수관계를 갖는다. 카페 테아트르는 한국 최초의 살롱 식 소극장으로, 극장과 카페의 용도를 겸한 독특한 구조로 되어 있었다. 살롱이라는 협소하고 산만한 환경에서 효과적인 연극을 선보이기 위해서는 소수의 정예 배우들에 의존하는 공연방식을 택할 수밖에 없다.

그런 점에서 이 작품은 새로운 극장환경에 걸맞는 극형식을 실험하고 개척하려는 전위적 작가의식의 산물이다. 이후 이 작품은 「빨간 피터의 고백」으로 대표되는 모노드라마 붐의 신호탄이 되었다. 모노드라마는 배우의 순발력에 의존하는 연극이다. 한 명의 배우가 여러 배역을 소화해내야 하기 때문이다. 예컨대 대화 장면의 경우, 배우는 목소리와 몸짓의 변화를 통해 2인의 역할을 동시에 맡으며 극을 진행시킨다. 요컨대 모노드라마에서는 다중배역의 시스템이 관습화되어 있다.

그런 점에서 이 작품의 주인공이 퇴역 배우로 설정된 것은 대단히 전략적이다. 모노드라마가 요구하는 연기의 다중성과 배우의 순발력을 극대화시켜 이 낯선 극형식이 주는 놀이성을 최대한 살리려는 작의가 숨어 있다. 또한 이 작품의 주인공은 화자(話者, narrator)의 역할을 겸하며 극 전반에 대한 해설자 역할을 수행한다. 모노드라마는 일종의 '장황한 독백'으로 구성된 연극이다. 이때 독백이 주는 지루함과 산만함은 관객을 지치게 하기 쉽다.

나레이터의 역할을 통해 배우는 등장인물이자 이야기꾼의 역할을 동시에 수행함으로써 이러한 위험에서 벗어난다. 관객과의 가상 대화를 전제하여 친화적인 분위기를 조성하며, 이를 통해 관객의 시선을 무대에 효과적으로 붙잡아둔다. 아울러 화자의 존재는 일종의 극중극과 같은 구조를 형성하여 관중의 호기심을 지속적으로 자극한다. 이렇게 볼 때 이 작품은 하나의 '메타연극(meta-theatre)'이라고 규정할 수 있다.

메타연극은 '연극에 대한 연극' '연극 자체를 문제삼는 자기반영적인 연극'이다. 장르 자체에 대한 반성적 탐색을 통해 메타연극은 연극과 비연극, 현실과 재현의 경계를 재설정하고자 한다. 이 작품은 이러한 메타연극의 목표에 효과적으로 복무한다. 등장인물의 신분이 배우로 설정된 사실부터가 그러하다. 과거의 화려했던 시절을 회상하며 주인공은 셰익스피어의 다양한 인물들을 연기한다. 극 속에서 또 다른 작은 연극들을 끊임없이 펼쳐 보임으로써 현실과 연극의 경계는 무너진다.

특히 극중 배우의 퇴역사유는 이 점에서 주목된다. 배우가 연극과 현실을 착각해 무대에서 실제로 살인을 저지른다는 것이다. 이러한 삽화를 통해 작가는 재현예술로서의 연극이 가진 허구성을 희화화하고 있다. 대사와 장면에 있어서도 이 작품은 사실주의 연극의 관습에서 벗어나 있다. 논리적 인과율의 결박에서 벗어나 언어는 낱말이 환기하는 순수한 이미지의 회로를 따라 비약에 비약을 거듭한다. 예컨대 첫 장면의 대사는 구름에서 여자로, 폴로니어스로, 낙타로, 고래로 널뛰듯 건너뛴다.

시종일관 자유연상(自由聯想)에 의한 자동기술법(自動記述法)과 말장난(fun)에 의존한 언어이다. 때문에 언어에 대한 관객들의 고정관념은 쉴새없이 덜거덕거린다. 장면 또한 일정한 플롯에 의해서가 아니라 끝말잇기놀이와 같은 언어적 이미지의 무도(舞蹈)를 따라 움직인다. 배우의 요설(饒舌)과 어지러운 장면전환에 질려 관객은 극의 줄거리를 파악하려는 시도를 포기한다. 그 대신 지금 눈앞에 펼쳐지는 현실은 꾸며진 연극에 불과하다는 사실을 끊임없이 확인받으며, 연극 그 자체를 즐기게 된다.

결국 작가는 모노드라마와 살롱무대라는 새로운 공연방식을 무기 삼아 연극의 재현적 전통을 해체하고 전복시키고자 한다. 거기에는 '실재(實在)의 환각'을 조장하는 기존의 극적 관습이 더 이상 유효하지 않다는 인식이 깔려 있다. 현실을 해부하지 못하고 현실을 위장할 때 연극은 병들게 마련이다. 그 낡은 연극의 불구성은 '휠체어'의 이미지에서도 엿볼 수 있다. 휠체어를 탄 하반신 불구의 배우 이미지는 생산력을 상실한 불임(不姙)의 연극에 대한 환유이다.

아내와의 관계를 단절시키는 배우의 '습관성 피리어드'는 현실을 적절히 반영하지 못하는 습관성 연극에 대한 풍자이기도 하다. 그리하여 배우는 건강한 부부관계, 건강한 연극을 갈구하며 '롤러스케이트를 타는 오뚜기'를 꿈꾼다. 싱싱한 두 다리, 싱싱한 표현을 되찾을 때 연극은 현실의 폭력에 쓰러져도 끊임없이 다시 일어서는 응전의 힘을 가질 수 있을 것이다. 오태석의 오뚜기는 이처럼 연극과 비연극, 현실과 재현의 경계를 경쾌하게 가로지르며 관객들의 고정관념에 박치기를 한다.

오태석은 타성화된 우리 연극에 부조리극의 양식을 충돌시켜 현대연극의 문법을 다시 썼다. 아울러 이를 통해 동시대인의 윤리적 균열을 개성적으로 표현하였다. 이상의 작품 외에도 「사육」(1970) 「육교 위의 유모차」(1970) 등의 초기작에서 그는 부조리극의 양식을 적극적으로 활용하고 있다. 그런 점에서 그는 한국 부조리극의 개척자로 평가될 만하다. 오태석의 실험은 동시대의 다른 작가들에게도 크게 영향을 미쳐 부조리극의 창작을 지속적으로 자극하였다.

끝없는 물음표의 배달부, 이현화

미스터리의 미학

한국의 대표적인 부조리극 작가를 들라면, 단연 이현화(李鉉和, 1943~)를 꼽지 않을 수 없다. 오태석이 부조리극을 싹틔운 개간자라면, 이현화는 그 싹을 화려하게 개화(開花)시킨 정원사이다. 이현화의 연극에 이르러 비로소 우리 연극은 반연극에 값할 만한 뚜렷한 양식미학을 획득하기에 이른다. 그만큼 그는 우리 연극사에 낯선 감수성을 몰고 온 작가이다. 1970년대 이래 창작활동을 계속해온 그는 주제와 형식의 양면에서 기존의 희곡이 보여주지 못한 새로운 세계를 선보였다.

그의 작품은 아파트, 호텔, 공장 사무실 등 산업사회의 기념

비적인 공간을 즐겨 배경으로 삼는다. 등장인물들은 이 속에 고립된 채 전화벨, 시계소리 등 기계적 시간의 소음에 시달리다 착란을 일으킨다. 또한 과도와 주사위, 채찍, 전기밥솥 등의 소품은 종종 흉기로 둔갑해 등장인물들을 광기와 폭력의 소용돌이 속으로 몰아넣는다. 작품 전체를 뒤덮고 있는 이 병적인 분위기는 동일한 장면의 강박적인 반복과, 결말이 원점으로 되돌아오는 미스터리한 극구조로 인해 더욱 배가된다.

이처럼 이현화는 산업사회에서의 인간 소외, 불안의식을 전방위에서 다룬다. 이로써 그의 희곡은 우리 사회가 대량생산과 대량소비를 미덕으로 하는 대중소비시대에 접어들었음을 알리는 신호탄이 된다. 아울러 사실주의를 정전(正殿)으로 삼고 있던 한국 희곡에 탈사실주의의 새로운 호흡을 불어넣는 계기가 되었다. 그의 작품은 주로 1970~1980년대에 집중되어 있지만, 동시대에 대한 그 섬뜩한 해부학적 시선은 오늘날에도 여전히 관객들에게 새로운 충격을 던져준다.

이현화 연극이 주는 충격은 무엇보다 발상의 엉뚱함과 기발함에서 유발된다. 그 상상의 기지(機智)는 대부분 상식의 영역에 속하는 상황을 벗어나거나 뒤집는 방식으로 나타난다. 당연하고 상식적인 것을 비틀고 뒤집음으로써 이현화 희곡은 우리로 하여금 관습화된 세계를 낯설게 보게 한다. 낯설게 본다는 것은 사물에 물음표를 다는 행위이다. 굳어 있는 사물의 피부를 뜯어내고 그 미지의 속살을 만져보려는 의혹의 시선이다. 그런 의미에서 이현화의 연극은 '물음표의 연극'이다.

상식을 뒤집는 끝없는 물음표의 행진은 그의 연극에서 흔히 미스터리한 상황설정을 통해 야기된다. 이 점은 등단작 「요한을 찾습니다」(1969)에서부터 발견된다. 이 극의 미스터리는 한 청년이 요한의 집을 방문하면서부터 시작된다. 요한의 감방 동료로 소개된 청년은 여인과의 대화를 통해 요한의 과거를 더듬는다. 그 과정에서 여인은 청년을 요한이라 부르며, 자신이 요한의 연인인 젬마임을 밝힌다. 그러나 청년은 자신이 요한임을 강하게 부인하며, 오히려 그녀를 의심한다.

　이 지점에서 관객은 둘 중 누구의 말이 진실인가 하는 의혹에 사로잡히게 된다. 극이 진행되면서 둘의 대립이 점점 첨예한 양상을 보이게 됨에 따라 그 의혹은 가중된다. 두 인물은 서로를 미친 자로 간주하며 관객들을 혼란에 빠뜨린다. 결국 앰뷸런스에 의해 청년이 실려 나감으로써 청년이 곧 요한이요, 어머니를 죽였다는 자책감으로 인해 정신분열을 일으킨 것으로 판명된다. 또한 죽은 것으로 알려진 요한의 어머니는 살아 있는 것으로 드러난다.

　이러한 미스터리의 구조를 통해 작가는 모든 가치가 탈신성화된 세계에서 과연 진정한 구원은 가능한가라는 질문을 던진다. 이성에 대한 사랑과 신에 대한 사랑 사이의 갈등을 작가는 정신분열증 환자의 의식세계를 빌어 시니컬하게 형상화한다. 이러한 의도는 성모 마리아의 야누스적인 이미지를 통해 구체적으로 암시된다. 이 작품에서 성모 마리아는 성녀(聖女)이자 창녀(娼女)이며, 숭배의 대상이자 파괴의 대상으로 묘사된다.

'사생아를 낳은 음녀'라는 독신적(瀆神的)인 요한의 대사가 이를 잘 말해준다. 여기서 성모 마리아는 어머니에 대한 메타포이다. 사실 이 작품에서 요한의 정신분열을 초래한 원인은 '어머니'이다. 젬마와의 결혼을 놓고 신앙심 때문에 번민하던 요한은 술에 취해 성모상을 부수다가 실수로 어머니를 쓰러뜨린다. 이 신앙에 대한 번민과 어머니를 죽였다는 자책감이 요한을 정신분열로 몰고 간 것이다. 하지만 이 작품의 결말에서 요한의 어머니는 살아 있는 것으로 드러난다.

문제는 어머니가 무대에 등장하지 않고 목소리만 들리도록 설정되어 있다는 점이다. 목소리로만 존재하는 어머니는 현실에서는 결코 접촉할 수 없는 불가지(不可知)의 존재, 초월적 자아를 은유한다. 즉, 어머니는 요한이 잃어버린 근원적 세계, 신성과 세속이 통합된 의식을 표상한다. 따라서 요한이 분열된 자아를 통합하여 의식을 되찾기 위해서는 이 태초의 낙원, 신성한 모성의 세계로 귀환하지 않으면 안 된다. 그러나 현실은 요한을 단지 위험한 정신병자로만 규정하며 어머니와의 상면을 불허한다.

이로써 요한의 치유 가능성은 끝없이 유예된다. 신성한 모성에 대한 접근이 차단당할 때 현실은 감옥이나 병원과 같은 유폐된 공간으로 변질된다. 그런 점에서 요한이 앰뷸런스에 실려 가는 결말 부분은 매우 상징적인 함의를 갖는다. 파괴된 정신의 뿌리를 되찾기 위해 그는 끊임없이 집으로 되돌아오지 않을 수 없는 것이다. 이처럼 연극의 끝과 시작이 맞물리며 회전하는 미스터리 구조를 통해 작가는 신화적 모성(母性)이 파괴된 시대의 분열된 내면풍경을 음울하게 스케치하고 있다.

복제공간과 도시인의 정체성

이현화의 연극에서 상황의 미스터리는 인식의 미스터리를 낳는다. 그리고 인식의 미스터리는 상식적 세계관에 대한 의문을 낳는다. 미스터리 기법을 활용한 부조리극의 미학은 「누구세요?」(1974)를 통해 본격적으로 실험된다. 시작부터 이 작품은 물음표로 가득 차 있다. 아파트에 거주하는 한 쌍의 부부가 어느 날 문득 서로의 존재를 몰라보고 물음표를 던지면서 이 극은 시작된다. 서로를 침입자로 몰아세우며 자기 정체를 증명하고자 그들은 이웃에 도움을 청한다.

그러나 이웃의 출현은 오히려 물음표만을 누적시킨다. 상황은 점점 미궁 속으로 빠져들고 결국 남녀는 어떠한 존재증명의 단서도 확보하지 못한다. 극도의 흥분상태에서 자포자기한 그들은 서로 충동적으로 몸을 섞는다. 아침이 밝은 뒤 남녀는 언제 그랬냐는 듯이 익숙한 부부처럼 대한다. 이로써 이들은 망각에서 깨어나 서로 부부관계임을 확인한 듯이 보인다. 그러나 결말에 이르러 남자는 찾아온 이웃집 여자를 '여보'라고 부른다. 이로써 다시 남녀의 정체는 모호해진 채 극은 막이 내린다.

이 작품은 아파트를 잘못 찾아든 남녀 간의 해프닝을 그리고 있다. 이러한 발상이 개연성을 얻는 것은 이 극의 공간적 배경이 아파트라는 점 때문이다. 아파트의 공간적 속성은 '복제성'에 있다. 균등하게 구획된 공간-기계로서의 아파트는 양적 차이만을 가질 뿐 질적 차이를 갖지 않는다. 따라서 아파트 공간에는 '진짜'와 '가짜'의 구분이 있을 수 없다. 동일한 형태가 대칭적으로 배열된 아파트의 공간구조는 착시를 불러일으켜 주소를 판별할 수 없게 만든다.

이처럼 이 작품의 미스터리는 기술복제시대의 공간이 갖는 시뮬라시옹의 속성 때문에 발생한다. 그리고 이러한 공간의 속성은 거주자들의 내면에까지 침투한다. 산업사회의 메커니즘을 구현하는 공간-기계로서의 아파트는 거주자의 의식을 점령하여 기계적인 속성을 주입한다. 그 결과 주민들은 고유한 '정신적 주소'를 망각하고 규격화된다. 그리하여 '망망대해에 서로 떨어져 웅크린 두 개의 무인도'처럼 격리되고 소외된다. 소외된 이들은 영원한 타인으로 대치하며 '누구세요?'라는 물음을 되풀이할 뿐이다.

이러한 점은 등장인물들의 성격에서 여실히 드러난다. 그들의 대화는 시종일관 상대의 말을 기계처럼 반복함으로써 진행된다. 이처럼 서로의 언행을 앵무새처럼 반복하는 모습을 통해 작가는 정체성을 잃은 채 오브제화된 인간상을 제시한다. 그들에게 부여된 성격은 고유한 개성이 아니라 공장에서 찍어낸 듯한 '레디메이드의 인격'이다. 때문에 끝없는 지껄임에도 불구하고 상호간의 의사소통은 단절되고, 갈등은 결코 해소되지 않는다.

공간적 속성뿐 아니라 제도적 속성 또한 인격의 사물화를 조장한다. 남자의 직업은 은행원으로, 그는 자신을 "기껏 통계 서류뭉치 사이에 파묻혀 주판알이나 퉁기는 소도구일 뿐"이라고 자조적으로 소개한다. 여기서 우리는 산업사회의 인간이 짊어져야 할 어두운 운명을 읽게 된다. 그것은 곧 도구를 이용하면서 동시에 스스로 도구화되는 호모 파베르의 슬픈 운명에 다름 아니다. 도구적 이성은 타인을 물질적 대상으로 간주하는 시선의 폭력을 수반한다. 따라서 인간관계는 계량화되고 기능화된다.

이러한 인격의 도구화가 사회 전체를 지배하는 거대한 메커니즘을 형성할 때 개인은 고유한 정체성을 지닌 존재가 아니라 대체 가능한 톱니바퀴로 전락하고 만다. 개인은 오직 기술적 쓰임새에 의해 구별되며, 또한 그로써 사회적 신분을 보장받는다. 따라서 그의 신분, 그의 정체성을 증명해주는 것은 한 개의 '도장'이다. 남자에게 관청의 도장은 그의 정체성을 계시하는 신탁(神託)의 의미를 가진다. 이러한 관료주의의 위압적인 힘에 남자는 체제순응적인 인간-기계로 길들여진다.

이처럼 산업사회의 생활공간과 제도적 메커니즘은 개인 간의 관계를 마비시키고 소외시킨다. 그럴 때 이들 관계를 지배하는 감정은 따뜻한 유대감이 아니라 차가운 단절감이다. 특히 소외된 인간관계는 이 작품에서 성적(性的) 소통 불능의 모습으로 묘사된다. 성적으로 위축된 남자는 아내를 '악어'로 묘사한다. 악어의 이미지는 욕망의 과포화상태를 표상한다. 구체적으로는 대량생산과 대량소비의 시장원리에 따라 욕망조차 복제되고 교환되는 현실을 반영한다.

대중소비사회의 메커니즘은 마치 포식동물과도 같이 인간의 정신을 집어삼키고 대신 '손거울, 크림, 화장지, 피임약'과 같은 욕망의 거품을 토해낸다. 상품논리에 의해 조작된 욕망은 끝없이 자리바꿈하며 자가증식을 되풀이한다. 이로 인해 인간 상호간의 진정한 내적 소통은 가로막히며, 대신 물질에 대한 게걸스런 탐욕만이 난무하게 된다. 따라서 남자의 욕구불만을 야기한 것은 아내가 아니라, 실은 욕망의 거품을 일으키는 대중소비사회의 현실인 것이다.

작가는 이처럼 아파트의 미로구조를 빌어 도시사회의 규격화된 일상 속에서 존재의 집을 잃은 동시대인의 정신상황을 부각시킨다. 최초에 한 부부의 정체성에 대해 던져진 물음표는 다시 이웃과의 관계로 확대되고, 나아가 산업사회 전반의 물화된 현실로 향한다. 작가는 이를 통해 소외의 문제를 제기하는데, 이는 곧 인간이 타자를 '물상화'함으로써 야기된 소외이다. 그런 점에서 작가의 물음은 곧 근대 '물질주의' 가치관에 대한 의문이라고 볼 수 있다.

복제공간이 야기하는 소외는 「쉬-쉬-쉬잇」(1976)에서도 그대로 이어진다. 이 작품의 공간적 배경은 아파트 구조와 흡사한 호텔 객실이다. 복제공간이 갖는 미스터리의 성질은 전작

보다 한층 심화되어 나타난다. 차이가 있다면, 전작과 달리 이 작품의 공간적 착시성은 방문객의 의도적인 속임수에 의해 유발된다는 점이다. 연극은 한 신혼부부의 숙소에 정체불명의 남녀가 방문함으로써 시작된다. 이 낯선 남녀는 부부의 과거사를 들먹이며 부부에게 차례로 위협을 가한다.

부부는 손님들의 무례한 행동에 반발하지만, 시간이 지남에 따라 차츰 세뇌당한다. 손님들은 부부를 다른 객실로 이리저리 옮겨놓으며 각각 부부의 남편이자 아내로 행세한다. 쉴새없이 이어지는 공간이동은 부부를 혼란에 빠뜨리고 급기야 정신착란의 상태로 몰고 간다. 마침내 부부는 낯선 손님들을 남편이자 아내로 인정하게 된다. 악몽 같은 밤이 지나자, 부부는 여느 때처럼 같은 객실의 침대에서 일어난다. 안도의 한숨을 내쉬는 부부에게 다시 노크소리가 들리면서 극은 막을 내린다.

이 작품의 미스터리는 복제공간을 이용한 인물들의 끝없는 '숨바꼭질'에서 발생한다. 문제는 이 숨바꼭질놀이가 부부를 정신착란에 빠뜨리기 위해 의도적으로 기획된 것이라는 점이다. 부부와 낯선 남녀 사이의 끊임없는 자리바꿈은 부부를 정신착란으로 몰고 감으로써 그들의 관계를 폭력적으로 단절시킨다. 그렇다면 이 강요된 자리바꿈을 통해 낯선 방문객들이 궁극적으로 노리는 것은 무엇일까? 부부를 끊임없이 착란에 빠뜨림으로써 그들은 어떤 결과를 얻게 되는가?

그 해답의 단서를 우리는 작품의 표제이기도 한 「쉬-쉬-쉬 잇」이라는 노래와 서두에 인용된 이상(李箱)의 시 「오감도」에서 찾을 수 있다. '창 너머 그늘에서 누군가 보고 있어요'라는 노랫말과 아이들의 질주를 굽어보는 까마귀의 불길한 응시는 곧 일상 속에 은폐된 감시구조를 암유한다. 이 지점에서 해답은 자명해진다. 낯선 방문객들은 착란을 유발하는 숨바꼭질놀이를 통해 부부의 의식에 견고한 감시의 울타리를 심어놓으려고 하는 것이다.

이 작품에서 숨는 자와 찾는 감시당하는 자와 감시하는 자의 변주이다. 낯선 남녀를 자신의 짝으로 받아들이도록 강요당함으로써 신혼부부는 정체성의 혼란을 겪는다. 그 결과 가장 친근한 부부 사이조차도 서로를 의심하지 않을 수 없게 된다. 나아가 감시하는 자와 감시당하는 자의 자리는 고정되어 있지 않고 변화무쌍하게 교체됨으로써 개인의 의식 속에 견고하게 내면화된다. 이처럼 '내적 식민지'가 건설됨으로써 감시구조는 일상의 세포에까지 파고들게 되는 것이다.

그 결과 부부조차도 서로의 정체를 끊임없이 의심하며 말한마디에도 '쉬-쉬-쉬잇'을 연발한다. 외적 강제력이 주어지지 않아도 사회의 원자단위인 가정에서부터 감시장치는 저절로 작동하게 된다. 이처럼 가정단위에서부터 작동하는 감시체계는 대중을 정치적으로 길들이는 효과적인 도구로 이용된다. 그런 의미에서 낯선 손님은 산업사회의 일상에 잠복한 억압적 권력체계의 촉수(觸手)에 다름 아니다. 한 가정의 일상을 엿보는 감시자이자, 그들의 일거수일투족을 통제하는 억압적인 '아버지'를 상징한다.

이처럼 작가는 손님과 주인이 뒤바뀌는 해프닝을 통해 대중사회의 이면에 자리잡은 거대한 권력의 메커니즘과 그 폐해를 폭로하고자 한다. 감시와 통제의 메커니즘은 근대사회를 떠받치는 핵심적인 원리로, 누구도 이 원리로부터 자유로울 수 없다. 인간의 의식에까지 파고든 감시의 울타리는 거주자의 탈출을 불가능하게 만든다. 결국 감시와 통제의 메커니즘을 내면화한 인간은 권력에 의해 조종당하는 꼭두각시의 신세로 전락할 수밖에 없다.

그런 의미에서 부부는 권력의 올가미에 포박당한 산업사회의 인간 전체를 대변한다. 등장인물에 부여된 명칭에서 우리는 이러한 함의를 읽을 수 있다. 이 작품의 등장인물들은 남자, 여자, 사내, 여인 등 자신의 성별만을 표시하고 있을 뿐 아무런 개성적인 표지도 가지지 않는다. 이러한 익명성(匿名性)은 곧 부부의 불행이 동시대인의 보편적인 운명임을 암시한다. 이처럼 도시의 화려한 네온사인의 이면에 은닉된 대중들의 불안과 공포를 작가는 섬뜩하게 그려내고 있다.

욕망의 거품이 잉태한 기형아

「쉬-쉬-쉬잇」에서의 억압적 권력은 「0.917」에서 욕망의 도착된 풍경으로 변주되어 나타난다. 이 작품은 세 장면으로 구성되어 있다. 첫 장면은 일곱 살짜리 소녀가 공장의 숙직실을 노크하면서부터 시작된다. 늦은 밤 숙직을 서던 남자에게 소녀는 농염한 교태를 부리며 접근한다. 매춘부처럼 익숙한 포즈로 유혹하는 소녀 앞에 남자는 얼이 빠진다. 몸을 받아들이기를 거부하는 남자에게 소녀는 미성년자 강제추행을 들먹이며 위협한다. 유혹을 견디다 못한 남자는 급기야 소녀의 목을 조른다.

둘째 장면에서는 일곱 살짜리 소년이 가정집을 방문한다. 홀로 있는 주부에게 소년은 측은한 모습을 보이며 모성본능을 자극한다. 아이가 없는 여자는 소년을 아기처럼 어루만지고, 소년은 갑자기 야수처럼 돌변한다. 발가벗은 몸에 술을 부으며 소년은 여자더러 혀로 자신의 몸을 핥으라고 위협한다. 셋째 장면은 소년과 소녀의 방을 조명한다. TV 앞에 앉아 그들은 어른들의 위선적인 행동을 비판하며, 세상과 맞서 싸울 것을 결의한다.

「0.917」에서 작가는 동시대인의 일상에 은닉된 병리적 욕망을 해부하고자 한다. 이러한 의도는 제목에서부터 암시된다. 이 작품의 제목은 '빙산(氷山)'의 이미지에서 따온 것이다. 즉, 수면 아래 잠긴 부분이 91.7%라는 점에 착안했다. 이때 빙하는 두 가지 분위기를 환기시킨다. 하나는 의식의 하단에 잠긴 무의식의 어두운 분위기이며, 다른 하나는 사무적 인간관계의 냉각된 분위기이다. 이러한 분위기가 작품 전체를 지배하며 병적인 느낌을 조성한다.

이 작품의 미스터리는 등장인물의 전도(顚倒)된 극행동으로 인해 발생한다. 남자와 여자, 소년과 소녀는 성(性)과 연령에 걸맞지 않는 상식 밖의 극행동을 보여준다. 아이가 어른을 유혹하고, 어른은 아이처럼 퇴행적인 모습을 보인다. 즉, '어른 같은 어린애'와 '애 같은 어른'의 전도된 대립이 이 작품의 극행동을 지배하는 두 축이 된다. 상식적인 윤리관에서 저만치 비켜나 있는 인물들의 기형적인 모습은 관객들의 관습화된 의식을 전복시키고 혼란시킨다.

이러한 기형적인 모습은 특히 자극적인 성희(性戲)를 통해 두드러진다. 이 대목에서 우리는 남자와 여자의 기형적인 모습이 성적인 소통장애로 인한 것임을 짐작할 수 있다. 남자와 여자는 성적인 면에서 일종의 거식증-포식증 환자의 관계에 있다. "시원찮은 사내, 그저 물먹은 솜처럼 축 처져가지고"라는 여자의 대사는 고개 숙인 남성상을 간접적으로 증언한다. 남편에 대한 성적인 욕구불만은 둘째 장면에서 여자로 하여금 아이의 몸을 통해 대리만족을 얻으려는 도착된 행동을 유발한다.

이러한 사실에서 우리는 남자와 여자의 욕망이 서로 교통(交通)하지 못하고 교차(交叉)하고 있음을 알 수 있다. 그들은 서로의 욕망을 이해하고 반영하는 관계에 있지 못하다. 그렇다면 남자의 어떤 문제가 이러한 성적인 단절과 소외를 유발하였는가. 그것은 한마디로 '꿈의 상실'에 기인한 것이다. 남자에게 소녀는 이렇게 말한다.

당신의 10대는 바다만큼이나 푸르고 큰 꿈을 꾸었었지.

그리고 누구보다도 투지가 끓던 엘리트의 20대였어. 그러나 30대 중반을 넘어선 지금, 당신은 겨우 지방으로 밀려난 통운회사 말단사원. 게다가 40대 답보상태를 상상하면 벌써부터 신물이 나고, 50대 후반의 한심스런 정년퇴직을 바라보면 좌절 안 할 수가 없지.

산업사회의 성장신화는 냉혹한 생존경쟁을 유발함으로써 남자의 등푸른 꿈을 유산시킨다. 성공의 신화를 거세당함에 따라 남자의 성적인 욕망 역시 위축된다. 나아가 남자의 이 거세 콤플렉스는 '순종밖에 미덕으로 삼지 못하는' 여자에게 욕구불만을 불러일으켜 도착된 성희에 빠지게 한다. 부부의 욕망은 이렇게 서로를 받아들여 반영하지 못하고 엉뚱한 형태로 굴절된다. 이 굴절된 욕망의 형태가 바로 소년과 소녀의 모습에 반영되어 나타난 것이다.

남자와 여자는 아이들의 몸을 더듬으며 잃어버린 꿈을 찾아 유아기로 망명한다. 구순애기(口脣愛期)로의 퇴행을 통해 현실의 결핍을 보상받고자 한다. 그런 점에서 소년과 소녀는 남자와 여자의 왜곡된 욕망을 반영하는 물구나무선 거울상(像)이다. 한편, 아이들이 부부의 비틀린 내면을 비추는 거울이라면, 부부 또한 아이들의 왜곡된 내면을 반영하는 거울로 기능한다. 유아기로 되돌아가고자 하는 부부의 퇴행적 행동은 역으로 성인을 흉내내는 아이들의 기형적 모습을 더욱 부각시킨다.

소년과 소녀는 치마를 걷어올리거나 위스키를 몸에 붓는 등 어른들의 모습을 흉내낸다. 그렇다면 일곱 살짜리 아이들의 이 상식을 벗어난 행동은 어디서 유래한 것인가. 그것은, 세 번째 장면에서 엿볼 수 있듯이, 매스컴이 빚어낸 부산물이다. 아이들은 TV 외화를 시청하며 어른들의 성희를 지속적으로 학습함으로써 정서적 기형아가 된다. 이처럼 무분별한 전파의 위력에 동심을 잃은 아이들의 내면은 부부의 소아병적 행위와 대조되어 한층 부각된다.

그런 점에서 작가는 매스컴의 부작용을 통해 당대의 윤리적 불감증을 희화화하고 있다. 작가는 당시 한창 사회적 이슈로 부각된 미성년 매춘문제에서 착상을 얻었을 것이다. 동심(童心)을 파괴하는 이러한 사회문제를 작가는 매스컴의 폐해로 파악한 것이다. "완전한 자유보다 더 철저한 구속도 없잖아?"라는 소녀의 말에서 우리는 매스컴이 유포하는 욕망의 깊은 중독성을 엿볼 수 있다. 그런 의미에서 '철없는 어른'과 '철든 어린애'는 산업사회의 병리적 정서가 낳은 기형아들에 다름 아니다.

철든 아이들과 철없는 어른들의 이 기묘한 대립을 통해 작가는 산업사회의 변질된 욕망구조가 가정에까지 편만해 있음을 폭로한다. 아울러 작가는 이러한 병증을 치유할 수 있는 가능성을 아이들에게서 찾고 있다. "그 조그만 주먹으로 어른들하고 싸워 이길 수 있겠느냐 말야"라는 소녀의 말은 이러한 메시지를 함축한다. 그런 의미에서 '0.917', 즉 빙하의 잠긴 부분은 사회적 잠재력이자 가능태로서의 아이들을 상징하기도 하는 것이다.

이상의 작품에서 우리는 순환적 플롯을 통한 미스터리 구조, 몰개성적인 등장인물, 분열된 의식을 반영하는 분신의 설정, 상투적인 대사의 반복 등의 형식적 특성을 확인할 수 있다. 아울러 산업사회의 정신적 병리현상에 대한 작가의 문제의식도 엿볼 수 있다. 이런 점은 부조리극의 전형적인 특성에 해당한다. 그런 맥락에서 이현화의 작품은 부조리극의 한국적 토착화를 보여주는 대표적 사례라고 할 수 있다. 이후 「카덴자」(1978) 「산씻김」(1981) 「불가불가」(1982) 등의 작품을 통해 이현화는 초현실주의, 잔혹연극 등의 다양한 양식실험을 계속하였다. 그리하여 오늘날 한국의 대표적인 탈사실주의 작가로 자리잡았다.

불온한 아웃사이더, 장정일

에로티즘과 육체

장정일은 여러 면에서 장 주네와 비교된다. 수형생활과 동성애의 경험 그리고 정규적인 제도교육을 받지 못한 작가라는 점에서 그러하다. 아울러 그들은 시로부터 소설을 거쳐 희곡에 이르기까지 장르를 넘나드는 다성적인 문학을 구축했다. 하지만 무엇보다 이들 문학의 가장 큰 공분모적 특징은 그 성적(性的) 도착성에 있다. 동성애의 불온한 힘을 빌어 그들은 부르주아사회 혹은 산업사회의 은폐된 권력성을 공격한다.

이때 동성애는 성적인 취향의 문제가 아니라, 현실 응전의 전략이다. 현실사회의 성적 금기를 고의로 비틀고 깨뜨림으로써 그 이면에 도사린 권력체계를 풍자하려는 것이다. 그런 의미에서 동성애는 이성애에 대한 패러디이다. 이성애는 규범화된 도덕체계의 허용범위 안에서 이루어지는 사랑이다. 따라서 이성애는 육체에 대한 정신의 지배를 강조하는 근대적 세계관에 기초해 있다. 반면, 동성애는 현실적 도덕규범에 대한 파괴력을 가진다. 이로 인해 동성애는 정신의 지배로부터 '육체'를 해방시키려는 탈근대적인 세계관의 징후가 된다.

원래 데카르트의 코기토로 대변되는 근대철학은 정신과 몸을 분리된 실체로 보는 이분법적 공식에 입각해 있다. 이때 정신은 사고하는 실체로, 몸은 사고의 연장으로 간주된다.[30] 따라서 사고의 실체인 정신이 그 연장인 몸을 지배하고 통제하는 위계적 구조가 설정된다. 이 억압적 위계질서를 전복시켜 육체의 사면복권을 꾀하려 할 때 '에로티즘'이 탄생한다. 육체적 금기의 해체를 통해 신성(神性)에 도달하고자 하는 예술적 태도 장정일의 포르노그래피는 바로 이러한 전략을 내포하고 있다.

육체의 이미지 : 감옥, 꽃, 여성

장정일이 지향하는 육체의 신학은 희곡 「어머니」에서 단적으로 드러난다. 이 작품에서 작가는 죄수들의 동성애적 관계를 통해 현실사회의 계급적 권력성을 풍자한다.

이 작품의 주요 등장인물은 '큰주먹'이라는 사형수와 '흰얼굴'이라는 좀도둑이다. 큰주먹은 신참 죄수인 흰얼굴에게 폭력을 가해 성욕을 채우려 한다. 그러나 시간이 흐를수록 큰주먹은 흰얼굴에게 모성(母性)을 느끼게 된다. 급기야 이들 관계는 연인이자 모자인 도착된 관계로 이어진다. 이러한 도착성은 흰얼굴이 간수들에게 순결을 빼앗기고 출산을 하는 환상 부분에서 극에 달한다. 작품은 결말부가 도입부와 포개어지는 순환구조를 취함으로써 환상과 현실의 경계가 모호해진 채 종결된다.

이 작품에서 우리는 몇 겹의 이미지 다발을 통해 육체에 내포된 형이상학적 의미를 읽을 수 있다. 육체의 이미지는 작품에서 감옥, 꽃, 여성이라는 환유를 통해 형상화되고 있다. 먼저 이 극의 공간적 배경은 감옥이며, 등장인물들은 죄수들이다. 감옥은 죄지은 자들의 집이다. 죄는 금기의 위반에 대한 처벌의 의미를 갖는다. 따라서 죄수들은 더 이상 금기를 어길 수 없도록 현실사회로부터 격리된다.

하지만 감옥의 이미지는 단순한 형법적 차원을 넘어 인간의 보편적 존재조건을 역설적으로 암시한다. 인간은 누구나 무수한 금기의 율법 아래 살아가지 않는가. 또한 아담이 선악과를 딴 이래 인간은 낙원으로부터 영원히 격리되지 않았는가. 그렇게 볼 때 이 세계는 그 자체가 하나의 거대한 감옥이다. 끊임없이 금지된 선악과(지식의 메타포)를 딸 수밖에 없는 인간은 태생적으로 죄수인 것이다. 장정일이 설정한 극의 공간은 이처럼 세계 자체가 하나의 거대한 감옥이라는 종말론적 세계관을 반영하고 있다.

감옥의 이러한 이미지는 '육체'의 의미를 구성한다. 플라톤은 『크라틸로스』에서 육체의 어원을 '소마($\sigma\omega\mu\alpha$)', 즉 감옥으로 풀이하고 있다. 육체는 영혼의 감옥이다. 영혼은 육체 속에 감금되어 지은 죄를 속죄한다. 그래서 육체는 속죄의 도구로서 유배의 장소가 된다.[31] 하지만 속죄를 위해서는 끊임없이 죄가 재생산되지 않으면 안 된다. 따라서 역설적으로 육체는 속죄의 장소이자 동시에 범죄의 장소가 된다. 감옥이 죄를 벌하면서 동시에 죄를 낳듯이.

육체의 원(原) 이미지는 감옥의 이미지를 거쳐 다시 '꽃'의 이미지로 변용된다. 작품에서 흰얼굴은 한 다발의 물망초를 훔친 죄로 투옥된다. 꽃의 가장 큰 특성은 향기를 가진다는 점이다. 독특한 꽃향기를 통해 식물은 육체적 매력을 발산하며 벌들을 유혹한다. 그러나 꽃이 시들면 그 향기는 금세 악취로 변한다. 꽃이 부패하면서 내는 악취는 그래서 육체적인 죽음을 연상시킨다. 이처럼 꽃은 향기와 악취의 양면성을 통해 육체의 물질적 감각성을 부각시킨다.

그런데 작품에서 흰얼굴이 꽃을 훔친 것은 어머니 때문이다. 여기서 다시 꽃은 어머니, 즉 '여성'의 이미지로 변용된다. 꽃의 이미지는 본래 성적(性的) 의미를 함의하고 있다. 꽃은 흔히 여성의 성기를 가리키는 은어로 사용된다. 생물학적 입장에서 볼 때 꽃은 식물의 생식기이다. 씨방은 꽃의 자궁이며, 포자는 생식세포요, 향기는 꽃의 암내이다. 그래서 봉오리를 열며 포자를 터뜨리는 꽃은 벌어진 음문(陰門)을 연상시킨다.

이처럼 꽃의 이미지를 빌어 육체는 미끌미끌한 에로티즘의 세계로 진입한다.

휜얼굴은 어머니를 '온몸에서 고름을 흘리는 활짝 핀 꽃', 즉 창녀의 모습으로 묘사한다. 여기서 꽃은 어머니의 원형, 즉 타락한 이브를 연상시킨다. '쉬지 않고 아이를 낳으시는' 어머니의 모습은 원죄와 죽음을 연상시킨다. 이처럼 어머니의 모습에는 죄악의 이미지가 들씌워져 있다. 그것은 어머니 혹은 여성은 육체 그 자체이기 때문이다. 정신과 육체의 이분법이 생리학에 적용될 때 그것은 성적인 정체성을 규정하는 표지가 된다.

그리하여 남성은 정신의 세계에, 여성은 육체의 세계에 속한다는 차별적 관념이 잉태된다. 육체의 이미지를 덮어씀으로써 여성은 남성보다 열등한 존재, 하등동물로 억압당한다. 나아가 육체의 이미지를 통해 여성은 에로티즘의 세계를 주도하는 주체가 된다. 그럴 때 여성의 유혹은 죽음의 유혹으로 금기시된다. 성행위는 곧 죽음의 추체험이다. 그 과정에서 현실과 환상의 경계는 철거되고 개체로서의 자아는 무장해제된다. 그리하여 유한한 삶 속에서 일시적으로 무한한 자유, 즉 죽음의 상태를 맛보게 한다.

따라서 에로티즘은 불온한 범죄가 된다. 성적 금기를 위반하고 쾌락을 조장하는 에로티즘은 하나의 죄악이다. 바타이유(G. Bataille)에 의하면 "성과 죽음은 무한한 낭비를 조장한다."[32] 이 때문에 유사 이래 모든 사회에서 에로티즘은 하나의 폭력이며, 노동의 세계를 위협하는 악으로 금기시되어왔다. 그러나 규제가 강화되면 될수록 에로티즘의 유혹 또한 비례해서 강화된다. 그래서 금기는 위반, 즉 범죄를 낳고 범죄는 또 다른 범죄를 부른다.

에로티즘은 이와 같이 금기와 위반의 끝없는 순환 속에 놓임으로써 영원한 범죄가 된다. 동시에 에로티즘의 주체인 여성 또한 범죄적이고, 반체제적인 이미지를 얻기에 이른다. 이 지점에서 에로티즘의 전략적 의미는 자명해진다. 흰얼굴은 여성과 어머니의 역할을 대신한다. 그리하여 큰주먹의 폭력적인 성격을 여성화시킨다. 이처럼 여성성 혹은 모성의 그 해체적 특성을 통해 작가는 남근(男根) 중심적 사고에 탈을 내고자 하는 것이다.

여기에 동성애 코드까지 더해짐으로써 에로티즘의 체제전복적 특성은 한층 배가된다. 요컨대 이 작품에 반영된 감옥, 꽃, 여성의 이미지는 하나같이 죄, 부패, 죽음의 의미를 담고 있다. 그리고 이러한 이미지들은 '육체'를 표상함으로써 에로티즘의 미학을 형성한다. 장정일은 이 에로티즘의 불온한 성질을 역이용하여 남성 중심의 경직된 세계관과 억압적인 권력관계를 전복시키고자 한다. 그리하여 정신의 감옥으로부터 육체를 구해내고자 한다.

육체의 정치학

육체는 일종의 사회적인 담론이다. 사람은 몸을 통해서만 타인의 눈에 보이기 때문에 눈에 보이지 않는 사람은 존재할 수 없다. 우리는 무엇보다 몸을 통해 세계와 연결되기 때문에 인간의 본질은 정신이 아니라 육체이다. 이때 육체는 타인과의 의사소통을 위한 거점이요, 우리에게 주어진 사회적 위치가 된다. 이러한 사실로부터 '육체의 정치학'이 성립된다.[33] 장정일의 「어머니」에서 육체의 정치학은 큰주먹과 흰얼굴 사이의 동성애 관계를 통해 드러난다.

남성 역을 맡은 큰주먹이 지배자의 위치에 있다면 여성 역을 맡은 흰얼굴은 피지배자의 위치에 처해 있다. 이러한 동성애 관계를 통해 작가는 현실사회의 이성애에 내장된 억압적 권력구조를 풍자하고자 한다. 이러한 의도는 흰얼굴의 배역으로 '남장 여배우'를 쓸 것을 주문하는 도입부의 무대지시문에서 엿볼 수 있다. 나아가 이성애에 대한 풍자는 궁극적으로 당대 정치권력에 대한 풍자이다.

이때 현실응전의 전략으로서의 동성애는 '여성성' 혹은 '모성애'를 부각시키는 방식으로 나타난다. 지배자인 큰주먹은 피지배자인 흰얼굴에게서 모성애를 느끼고 여성화되어간다. 이에 따라 지배-피지배의 억압적 관계는 해체되고 전복되기에 이른다. 그 결과 큰주먹은 유아기로 퇴행하여 흰얼굴에게 종속되며, 흰얼굴은 여성성을 유지한 채, 아니 그 여성성 자체로 인해 지배자가 된다. 이처럼 장정일의 에로티즘은 부권(父權) 중심의 세계를 전복시키고 모권(母權) 중심의 세계를 다시 세우는 지점까지 나아간다. 그리하여 큰주먹은 "하늘에 계신 어머니의 자궁에 저를 맡기나이다"라고 기도하는 것이다.

그리하여 이제 모성애는 파괴와 살육으로 점철된 부권사회의 폐허에 재생과 부활의 희망을 가져다줄 새로운 정치학으로 부각된다. 큰주먹은 흰얼굴의 품 안에서 오래전에 잃어버린 모성을 느낀다. 그 모성을 통해 폭력과 살인으로 점철된 자신의 삶을 씻어내고 재생을 꿈꾼다. 그래서 흰얼굴의 대사처럼, 어머니는 새로운 생명을 잉태하는 태이자 '순결하고 죄 없는 씨방'이 된다.

> 가장 아름답고 순결한 태. 순결하고 죄 없는 씨방. 바로
> 그게 어머니야. 상상해봐, 그런 꽃을.

모태로의 회귀를 통한 재생은 결말부에 이르러 흰얼굴이 아이를 낳는 대목에서 상징적으로 실현된다. 흰얼굴의 상상임신을 통해 큰주먹은 영혼의 정화를 이룬다. 장정일은 이렇게 동성애라는 터부를 극단에까지 밀고 감으로써 역설적으로 성스러움에 다가간다. 그때 이성애의 권력관계는 해체되고 전복된다. 모든 권력관계가 무화된 백색지대에서 여성은 수태(受胎)를 통해 정화와 재생이라는 제의적 기능을 수행함으로써 신성을 부여받게 된다.

이처럼 장정일은 모성의 힘을 빌어 남성 중심적 세계관을 허물고자 한다. 이때 모성의 힘은 여성 특유의 풍부한 육감에서 나온다. 여성의 육체는 다산성(多産性)을 가진다. 수태 기

능 때문이다. 이러한 여성의 다성적인 육감은 근대의 남근중심주의를 대체할 효과적인 대안이 될 수 있다. 몸보다 정신을 우위에 두는 가부장적 세계는 시각중심주의에 기초해 있다. 눈은 객관적이고 폭력적이다. 눈은 거리를 설정하고 유지한다. 반면 여성의 몸은 촉각적이다. 때문에 친밀감과 근접성을 유발한다.34)

따라서 여성의 촉각은 남성의 관음증적 시각의 폭력을 잠재우는 효과적인 도구가 될 수 있다. 여성의 육체가 가지는 정치적 함의는 바로 여기에 있다. 장정일의 에로티즘은 바로 남근중심주의의 시각적인 체제를 추방하려는 시도인 것이다. 하지만 장정일의 모태회귀는 비극적이다. 결말부에서 큰주먹과 흰얼굴의 사랑과 출산은 꿈인 것으로 판명되고 극은 다시 도입부와 겹쳐진다. 부조리극의 전형적 수법인 이러한 순환구조를 통해 장정일은 현실과 환상의 경계를 지운다. 모성의 정치학은 이렇게 현실과 환상의 윤곽이 지워진 착란상태에서만 가능하다. 현실의 폭력은 해소되지 않고 영원히 되풀이될 뿐이다.

진공관 속에 갇힌 육체

「어머니」에 나타난 모성의 정치학은 사실 '살부의식(殺父意識)'의 표현이다. 1980년대 한국사회를 진공상태로 몰아넣은 파시즘적 군사권력은 엄격한 부권 중심의 사회구조에 대한 대중의 깊은 환멸을 낳았다. 그로 인해 온 사회에 살부의식이 편만하게 되었으며, 작가 또한 여기서 예외일 수 없었다. 이러한 살부의식의 반사작용으로 작가는 모성으로의 귀소본능에 집착하게 된 것이다. 그런 점에서 장정일의 동성애 코드는 궁극적으로 당대 정치권력에 대한 풍자이다.

이는 작품의 공간적 배경이 감옥으로 설정된 데서 잘 드러난다. 1980년대의 갑갑한 정치현실을 작가는 감옥에 빗대어 패러디하고 있다. 장정일의 정치적 풍자의식은 그의 데뷔작 「실내극」(1987)에서 보다 여실히 포착된다. 출옥한 아들이 집을 들어서는 데서 극은 시작된다. 생활비가 떨어진 아들은 다시 절도를 하며 출소와 입소를 반복한다. 나중엔 아들 대신 어머니가 절도범으로 나선다. 결국 '지루한' 생활을 견디다 못한 모자는 함께 입소하기 위해 절도를 하기에 이른다.

이 작품에서 감옥은 징벌의 공간이 아니라 '사면이 안전하게 막혀 있고, 의식주가 해결되는' 휴식의 공간으로 묘사된다. 그리하여 감옥의 생활은 '구속이 아니라 해방'이었다고 등장인물들은 말한다. 여기서 감옥과 현실은 자리바꿈을 하며 물구나무를 선다. 감옥이 현실보다 더 안전한 피난처라는 진술을 통해 작가는 현실의 억압성과 암담함을 역설적으로 암시한다. 구체적으로 말하면 그 현실은 1980년대 한국의 특수한 정치상황을 가리킨다. 그 근거는 아들과 어머니의 대화에서 엿볼 수 있다.

작년 10월에 무슨 일이 있었냐는 아들의 질문에 어머니는 이렇게 답한다. "아……작년 10월……옳아……그날은……부하가……상관을 죽인 날이란다……그리고……그 부하가……부하한테 죽고……." 사실 한국 현대사는 부하가 상관을 죽이는 끝없는 쿠데타의 연속이었다고 할 수 있다. 쿠데타가 상하 간의 정상적인 위계질서를 불법적으로 전복시키는 정치적 반란인 만큼, 모든 사회적 통념 또한 물구나무를 설 수밖에 없다. 현실보다 감옥이 더 아늑하고 안전하다는 발상은 여기서 출발한다.

그리하여 사람들이 가장 존경하는 인물은 국가원수가 아니라 '별이 60개나 되는 나비할아버지'로 묘사된다. 그가 옥사하자 장관과 판검사들이 조문을 오고, 아들은 "저도 할아버지처럼 되겠어요"라고 서슴없이 말한다. 등장인물의 전도된 모습은 이뿐만이 아니다. 어머니는 생활비를 위해 아들에게 절도를 권유하고, 아들은 자기 대신 어머니를 감옥으로 보낸다. 어머니는 아들의 연인을 내쫓고 아들의 성욕을 자신이 대신 달래준다. 나아가 어머니는 감옥에서 '여자들이 여자들을 사랑하는 것'을 배운다.

이처럼 이 작품의 모든 인물관계는 철저히 상궤에서 벗어난 것이다. 근친상간에 동성애의 모티프까지 더해짐으로써 일상의 윤리체계는 철저히 전복되고 파괴된다. 이를 통해 작가는 불법적 정치체제가 야기하는 도덕적 진공상태, 그 질식할 듯한 중압감을 표현한다. 그것은 곧 '진공관 속에 갇힌 육체'의 풍경이다. 황폐한 정신의 풍경을 난잡한 육체의 풍경에 빗

대고 있는 것이다. 하지만 도덕적 토대가 붕괴된 암울한 시대 상황을 그리면서도 작가의 태도는 비극적이지 않다. 오히려 회화적이다.

등장인물들은 마치 로봇처럼 시종일관 아무런 감정 없이 부도덕한 언행을 일삼는다. 시치미를 뚝 뗀 등장인물들의 행동은 아이러니를 유발해 관객들의 폭소를 자아낸다. 이러한 방법은 명백히 부조리극의 전통에 속하는 것이다. 아울러 이 작품은 독특한 극중극 형식을 취하고 있다. 이 작품의 후반부에는 '실내극'이라는 연극이 삽입되어 있는데, 이는 작품의 제목이기도 하다. 따라서 극중극은 연극 전체를 거울처럼 반사하며 포개어짐으로써 관객에게 현기증을 불러일으킨다.

아울러 이 작품의 결말은 순환구조를 취하고 있다. 아들이 현관에 들어서는 장면으로 끝나는 결말부는 도입부의 장면과 일치한다. 이러한 구성을 통해 작가는, 현실과 환상의 경계가 지워진 진공관 속의 삶이 영원히 해결되지 않고 되풀이될 것임을 암시한다. 덧붙여, 이 작품에서 현실을 묘사하는 작가의 태도는 극도로 절제되고 압축되어 있다. 다른 작품에서 보이는 과도한 성적 탐닉의 표출을 가급적 억제하고 이를 시적 수사(修辭)로 대체한다.

작가는 잘 빚은 시적 언어를 동원해 동시대인의 내밀한 상처를 섬세하게 드러내 보여준다. 천장에서 쥐가 달리는 소리는 '낮고 은밀하게 우리 주위를 배회하는 소리'로, 쥐가 지붕을 갉아먹는 소리는 '우리 삶이 톱질당하는 소리!'로 묘사된

다. 시적 울림이 가득한 이 메타포들은 이어지는 총소리, 군화
소리, 호각소리와 결합되어 동시대인이 느끼는 정치적 불안과
허무를 밀도 있게 전달한다. 그리하여 이 작품은 한국적 부조
리극으로서 장정일 연극이 도달한 미학의 극치를 보여준다.

한편, 「실내극」의 윤리적 진공상태는 「해바라기」(1996)에
이르러 한층 심화되는 양상을 보인다. 전작이 정치현실이 가
하는 진공상태를 다루었다면, 여기서는 대중소비사회의 현실
이 가하는 진공상태가 부각된다. 극작가인 김인은 청탁받은
작품을 집필중이지만, 원고가 막혀 나가지 않는다. 욕구불만
에 찬 그는 찾아오는 손님마다 유혹해서 성적 유희를 벌인다.
원고의 압박에 시달리던 그는 급기야 찾아온 여자들을 하나하
나 교살하면서 문학적 영감을 얻는다. 탈고와 함께 김인이 체
포되면서 막이 내린다.

이 작품에서 동시대의 윤리적 타락상은 김인을 찾아오는
여자들을 통해 묘사된다. 그와 관계된 모든 여성들은 김인의
작가적 명성에 아무 주저 없이 몸을 허락한다. 여성들의 이러
한 성적 타락상은 순수한 영혼을 갈구하는 김인을 현실에 대
한 환멸에 이르게 한다. 아울러 시장의 논리를 등에 업은 제작
자의 독촉은 김인을 정신적 진공상태로 내몬다. 그리하여 김
인은 엽기적인 살인을 통해 이 갑갑한 정신의 진공관으로부터
벗어나고자 한다. 살인을 저지를 때마다 그는 속이 '뻥 뚫리
는' 것을 느낀다.

그런 점에서 김인의 살인은 일종의 제의적인 '불'의 의미를

획득한다. 타락한 현실을 정화시켜 재생을 이루고자 한다는 점에서 그러하다. 작가의 말처럼 이 작품은 "신성의 타락이 성적 타락으로 나타나고 있는 오늘의 세태"[35)를 패러디하고 있는 것이다. 시체를 묻은 마당에 만발한 해바라기는 고흐의 그림과 겹쳐지면서 순결의 회복을 희구하는 작가의 메시지를 함축적으로 보여준다. 그리하여 여성들이 상스러운 성욕 대신 풍요의 대지모신(大地母神)이 가지는 성스러운 사랑을 회복하기를 작가는 촉구한다.

장정일은 이렇게 에로티즘의 무대전략을 통해 제도화된 관습을 비틀고 뒤집고 야유한다. 동성애, 근친상간, 난교 등 성적인 금기를 거침없이 허물면서 위악적인 모습을 보여준다. 관념의 자리에 육체를 위치시킴으로써 그는 근대적 세계관에 은닉된 억압적 권력구조를 뿌리부터 뒤흔들고자 한다. 그런 의미에서 그는 '불온한 아웃사이더'이다. 끊임없이 제도권의 외부, 체제의 외부에 위치하면서 그 환부를 공격하는 저격수이다. 장정일의 연극이 반연극의 반열에 오를 수 있는 것은 그 때문이다.

주

1) 빠트리스 파비스, 『연극학 사전』(신현숙·윤학로 옮김, 현대미학사, 1999), p.179 참조.

2) Martin Esslin, *The Theatre of Absurds*(3e)(penguin books, new york, 1983), p.399.

3) Edward Albee, "Which theatre is the Absurd one?"(*The New York Times*, 1962. 2. 25).

4) 프리드리히 니체, 『즐거운 지식』(권영숙 옮김, 청하, 1989), pp.184-185 참조.

5) '부조리'라는 용어는 오해의 소지가 많다. 우리의 경우 부조리라는 말은 주로 사회적인 모순을 지칭하는 데 쓰이기 때문이다. 정치권의 부조리, 공무원사회의 부조리 등. 그러나 문학과 연극에서의 부조리는 이러한 의미가 아니라 존재론적이고 형이상학적인 차원에서의 의미, 즉 인생의 근원적인 모순을 가리킨다.

6) Martin Esslin, 앞의 책, pp.21-22 참조.

7) 신현숙, 「프랑스 연극」(신정옥 외, 『한국에서의 서양 연극』, 소화, 1999), pp.274-275 참조.

8) Martin Esslin, 앞의 책, p.24.

9) 서연호, 『동시대적 삶과 연극』(열음사, 1988), p.39 참조.

10) 유민영, 『우리시대 연극운동사』(단국대학교출판부, 1990), p.313 참조.

11) 유민영, 앞의 책, p.315 참조.

12) 서연호·이상우, 『우리 연극 100년』(현암사, 2000), p.208 : 유민영, 앞의 책, pp.324-325.

13) 신정옥 외, 앞의 책, 부록-서양연극 공연연표 참조.

14) Martin Esslin, 앞의 책, pp.19-20.

15) 알렝 로브그리예, 「사뮤엘 베케트론」(『연극평론』, 창간호, 1970), p.52 참조.

16) 김남석, 「임영웅 선생과 함께」(『한국연극』, 2003년 4월호), pp.109-113 참조.

17) 일본 고유의 단시(短詩).

18) 이오네스코, 『노트와 반노트』(박형섭 옮김, 동문선, 1992), p.315 참조.

19) 이오네스코, 「대머리 여가수」(이근삼 외, 『오늘의 세계문학 12』, 민중서관, 1969), p.445.

20) 이오네스코, 『노트와 반노트』, pp.186-191 참조.

21) 이오네스코, 앞의 책, p.288 참조.

22) 이오네스코, 앞의 책, p.193 참조.

23) 민희식, 「이오네스코와의 대화」(『한국연극』, 1977년 5월호), p.38 참조.

24) 조르주 바타이유, 『문학과 악』(최윤정 옮김, 민음사, 1995), p.12.

25) 케이트 밀레트, 『성의 정치학』(정의숙·조정호 옮김, 현대사상사, 1976), p.645 참조.

26) "진정한 의미에서 고찰된 악은 단순히 악의가 품는 꿈이 아니다. 그것은 어떤 의미에서는 선의 꿈이다."(조르주 바타이유, 앞의 책, p.24.)

27) 쟝 쥬네, 『쟝 쥬네의 하녀들』(오세곤 옮김, 공간미디어, 1995), p.47.

28) 간혹 이근삼의 「원고지」(1960)를 최초의 부조리극으로 거론하는 경우가 있다. 하지만 다양한 양식들이 혼합되어 있다는 점에서 이 작품은 본격적인 부조리극으로 보기 어렵다.

29) 김동훈, "기쁘고 두려운 10년 무대"(실험극장 62회 공연, 「로라스케이트를 타는 오뚜기」 팸플릿, 1978, 10).

30) 정화열, 「비코와 몸의 정치의 비평적 계보」(이거룡 외, 『몸 또는 욕망의 사다리』, 한길사, 1999), p.107 참조.

31) 폴 리쾨르, 『악의 상징』(양명수 옮김, 문학과지성사, 1994), p.266 참조.

32) 죠르쥬 바따이유, 『에로티즘』(조한경 옮김, 민음사, 1989), p.67.

33) 정화열, 앞의 글, p.114 참조.

34) 정화열, 앞의 글, pp.128-131 참조.

35) 장정일, 「해바라기」 중 '작가의 말'(『세계의 문학』, 1996년 겨울호), p.419.

참고문헌

김남석, 「임영웅 선생과 함께」, 『한국연극』, 2003년 4월호.

민희식, 「이오네스코와의 대화」, 『한국연극』, 1977년 5월호.

빠트리스 파비스, 신현숙·윤학로 옮김, 『연극학 사전』, 현대미학사, 1999.

서연호, 『동시대적 삶과 연극』, 열음사, 1988.

서연호·이상우, 『우리 연극 100년』, 현암사, 2000.

신정옥 외, 『한국에서의 서양 연극』, 소화, 1999.

신현숙, 『20세기 프랑스 연극』, 문학과지성사, 1997.

실험극장, 62회 공연 「로라스케이트를 타는 오뚜기」 팸플릿, 1978, 10.

알랭 로브그리예, 「사뮤엘 베케트론」, 『연극평론』, 창간호, 1970.

유민영, 『우리시대 연극운동사』, 단국대학교출판부, 1990.

이거룡 외, 『몸 또는 욕망의 사다리』, 한길사, 1999.

이근삼 외, 『오늘의 세계문학12』, 민중서관, 1969.

이오네스코, 박형섭 옮김, 『노트와 반노트』, 동문선, 1992.

쟝 쥬네, 오세곤 옮김, 『쟝 쥬네의 하녀들』, 공간미디어, 1995.

조르주 바타이유, 최윤정 옮김, 『문학과 악』, 민음사, 1995.

케이트 밀레트, 정의숙·조정호 옮김, 『성의 정치학』, 현대사상사, 1976.

폴 리쾨르, 양명수 옮김, 『악의 상징』, 문학과지성사, 1994.

프리드리히 니체, 권영숙 옮김, 『즐거운 지식』, 청하, 1989.

Albee, Edward, "Which theatre is the Absurd one?", *New York Times*, 1962. 2. 25.

Esslin, Martin, *The Theatre of Absurds*(3e), penguin books, new york, 1983.

반연극의 계보와 미학 부조리극을 중심으로

| 펴낸날 | 초판 1쇄 2013년 5월 30일 |
| | 초판 3쇄 2015년 8월 7일 |

지은이	**임준서**
펴낸이	**심만수**
펴낸곳	**(주)살림출판사**
출판등록	**1989년 11월 1일 제9-210호**

주소	**경기도 파주시 광인사길 30**
전화	**031-955-1350** 팩스 **031-624-1356**
기획·편집	**031-955-1365**
홈페이지	**http://www.sallimbooks.com**
이메일	**book@sallimbooks.com**

| ISBN | 978-89-522-0233-8   04080 |

089 커피 이야기   eBook

김성윤(조선일보 기자)

커피는 일상을 영위하는 데 꼭 필요한 현대인의 생필품이 되어 버렸다. 중독성 있는 향, 마실수록 감미로운 쓴맛, 각성효과, 마음의 평화까지 제공하는 커피. 이 책에서 저자는 커피의 발견에 얽힌 이야기를 통해 그 기원을 설명한다. 커피의 문화사뿐만 아니라 커피에 대한 일반적인 정보 및 오해에 대해서도 쉽고 재미있게 소개한다.

021 색채의 상징, 색채의 심리

박영수(테마역사문화연구원 원장)

색채의 상징을 과학적으로 설명한 책. 색채의 이면에 숨어 있는 과학적 원리를 깨우쳐 주고 색채가 인간의 심리에 어떤 작용을 하는지를 여러 가지 분야의 사례를 통해 설명한다. 저자는 색에는 나름대로의 독특한 상징이 숨어 있으며, 성격에 따라 선호하는 색채도 다르다고 말한다.

001 미국의 좌파와 우파   eBook

이주영(건국대 사학과 명예교수)

진보와 보수 세력의 변천사를 통해 미국의 정치와 사회 그리고 문화가 어떻게 형성되고 변화되어왔는지를 추적한 책. 건국 초기의 자유방임주의가 경제위기의 상황에서 진보-좌파 세력의 득세로 이어진 과정, 민주당과 공화당의 대립과 갈등, '제2의 미국혁명'으로 일컬어지는 극우파의 성장 배경 등이 자연스럽게 서술된다.

002 미국의 정체성 10가지 코드로 미국을 말하다   eBook

김형인(한국외대 연구교수)

개인주의, 자유의 예찬, 평등주의, 법치주의, 다문화주의, 청교도 정신, 개척 정신, 실용주의, 과학·기술에 대한 신뢰, 미래지향성과 직설적 표현 등 10가지 코드를 통해 미국인의 정체성과 신념을 추적한 책. 미국인의 가치관과 정신이 어떠한 과정을 통해서 형성되고 변천되어 왔는지를 보여 준다.

058 중국의 문화코드

강진석(한국외대 연구교수)

중국의 핵심적인 문화코드를 통해 중국인의 과거와 현재, 문명의 형성 배경과 다양한 문화 양상을 조명한 책. 이 책은 중국인의 대표적인 기질이 어떠한 역사적 맥락에서 형성되었는지 주목한다. 또한, 구체적이고 실제적인 여러 사물과 사례를 중심으로 중국인의 사유방식에 대해 설명해 주고 있다.

057 중국의 정체성 · eBook

강준영(한국외대 중국어과 교수)

중국, 중국인을 우리는 과연 어떻게 이해해야 하나? 우리 겨레의 역사와 직·간접적으로 끊임없이 영향을 주고받은 중국, 그러면서도 아직까지 그들의 속내를 자신 있게 말할 수 없는, 한편으로는 신비스럽고, 한편으로는 종잡을 수 없는 중국인에 대한 정체성을 명쾌하게 정리한 책.

015 오리엔탈리즘의 역사 · eBook

정진농(부산대 영문과 교수)

동양인에 대한 서양인의 오만한 사고와 의식에 준엄한 항의를 했던 에드워드 사이드의 오리엔탈리즘. 이 책은 에드워드 사이드의 이론 해설에 머무르지 않고 진정한 오리엔탈리즘의 출발점과 그 과정, 그리고 현재와 미래의 조망까지 아우른다. 또한 오리엔탈리즘이 사이드가 발굴해 낸 새로운 개념이 결코 아님을 역설한다.

186 일본의 정체성 · eBook

김필동(세명대 일어일문학과 교수)

일본인의 의식세계와 오늘의 일본을 만든 정신과 문화 등을 소개한 책. 일본인을 지배하는 이데올로기는 무엇이고 어떤 특징을 가지는지, 일본을 주목해야 하는 이유는 무엇인지 등이 서술된다. 일본인 행동양식의 특징과 토착적인 사상, 일본사회의 문화적 전통의 실체에 대한 분석을 통해 일본의 정체성을 체계적으로 살펴보고 있다.

261 노블레스 오블리주 세상을 비추는 기부의 역사

예종석(한양대 경영학과 교수)

프랑스어로 '높은 사회적 신분에 상응하는 도덕적 의무'를 뜻하는 노블레스 오블리주. 고대 그리스부터 현대까지 이어지고 있는 노블레스 오블리주의 역사 및 미국과 우리나라의 기부 문화를 살펴보고, 새로운 시대정신으로 노블레스 오블리주를 부활시킬 수 있는 가능성을 모색해 본다.

396 치명적인 금융위기, 왜 유독 대한민국인가 eBook

오형규(한국경제신문 논설위원)

이 책은 전 세계적인 금융 리스크의 증가 현상을 살펴보는 동시에 유달리 위기에 취약한 대한민국 경제의 문제를 진단한다. 금융안정망 구축 방안과 같은 실용적인 경제정책에서부터 개개인이 기억해야 할 대비법까지 제시해 주는 이 책을 통해 현대사회의 뉴노멀이 되어 버린 금융위기에서 살아남는 방법을 확인해 보자.

400 불안사회 대한민국, 복지가 해답인가 eBook

신광영(중앙대 사회학과 교수)

대한민국 사회의 미래를 위해서 복지는 선택이 아니라 필수라고 말하는 책. 이를 위해 경제 위기, 사회해체, 저출산 고령화, 공동체 붕괴 등 불안사회 대한민국이 안고 있는 수많은 리스크를 진단한다. 저자는 사회적 위험에 대응하기 위한 복지 제도야말로 국민 모두의 삶의 질을 높일 수 있는 길이라는 것을 역설한다.

380 기후변화 이야기 eBook

이유진(녹색연합 기후에너지 정책위원)

이 책은 기후변화라는 위기의 시대를 살면서 우리가 알아야 할 기본지식을 소개한다. 저자는 기후변화와 관련된 핵심 쟁점들을 모두 정리하는 동시에 우리가 행동해야 할 실천적인 대안을 제시한다. 이를 통해 독자들은 기후변화 시대를 사는 우리가 무엇을 해야 할 것인지에 대하여 생각해 볼 수 있을 것이다.

eBook 표시가 되어있는 도서는 전자책으로 구매가 가능합니다.

(주)살림출판사
www.sallimbooks.com
주소 경기도 파주시 문발동 522-1 | 전화 031-955-1350 | 팩스 031-955-1355